Helmut Kropp

ABENTEUER BAUERNHOF

- Leben in der Minkenmühle -

Copyright 2015/2016 Helmut Kropp

ISBN 978-3-839-141397

Herstellung und Verlag BoD - Books on Demand
Norderstedt

Das Umschlags-Titelbild zeigt das Anwesen Minkenmühle 1.

Ich danke für das dazu unter Nr.12.654-1 von der S.P.Luftbild GmbH
Dattenberg Zeichen Sch.Ro. erteilte Reproduktionsrecht

Aus dem Inhalt:

Abenteuer Bauerhof

Einleitung

Ich hatte gegen Ende 1967 eine neue Stelle in Aach (Hegau) bei der Firma EMA angenommen, Dienstantritt im Januar 1968. Unter der Woche logierte ich in Aach in Untermiete, von dort hatte ich nicht weit zur Firma zu gehen.

Am Wochenende fuhr ich damals immer mit meinem Volvo-Auto nach Hause nach München: Freitag abends ab Aach, Sonntag abends ab München. Das dauerte etwa 3 Stunden je Tour, das war ja noch erträglich, sofern nicht extreme Verhältnisse im Winter herrschten.

Manchmal blieb ich in Aach, dann kamen Frau und Tochter mit dem VW-Käfer mich besuchen, dann machten wir Ausflüge in die schöne Umgebung des Hegau, zum Narrenmuseum nach Langenstein oder z.B. nach Beuron im Donautal zur Osternachtsmesse oder oft auch in die nahe Schweiz. Zum Übernachten quetschten wir uns drei dann in mein Untermietzimmer am Hofweg in Aach.

Einige Male kamen sie auch mit der Bahn, da holte ich sie vom Bahnhof in Friedrichshafen ab. Essen war dann immer im örtlichen Nobellokal, dem Hotel "Goldener Ochsen" in Stockach. Zur "Fasnet" gab es dort sogar Froschschenkel und Schnecken..

Es hätte zwar noch die Möglichkeit gegeben, bis Nenzingen mit der Bahn zu fahren, aber zur damaligen Zeit war die Bahn Radolfzell-Stockach schon ausgedünnt bzw. dann eingestellt worden.

Ich selber musste einmal recht lang am Schranken in Nenzingen warte. Da kam dann eine Lok mit zwei Güterwagen und blieb vor dem Schrankenbereich stehen. Ein Rangierer stieg von der Lok ab, öffnete das Schrankenwärterhauschen mit einem Schlüssel und ließ dann die Schranken herunter. Dann konnte der Zug über die Straße fahren, hernach musste er dann nochmals stehen bleiben, der Rangierer öffnete die Schranken und wir konnten weiterfahren.

Erst in neuerer Zeit wurde diese Strecke wieder von einer Schweizer Bahngesellschaft ("Thurbo") unter dem Namen "Seehäsle" erfolgreich aktiviert.

Wohnungssuche

In Aach selber gefiel es mir nicht besonders, es wurden auch keine attraktiven Plätze zum Wohnen angeboten.

Da es die erste Zeit in der Firma recht gut lief, und ich nach einem Jahr sogar eine arbeitsvertragliche Gewinnbeteiligung ausbezahlt bekam, dachte ich über den Kauf eines Wohnsitzes in der Umgebung von Aach nach.

So favorisierte ich eine Zeitlang eine Eigentumswohnung in Engen ("Engen, Tengen, Blumenfeld, sind die schönsten Städt der Welt!") doch fand ich die Lage dort in einer engen, winkeligen und mit alten Gebäuden vollgestopften Ortschaft überhaupt nicht attraktiv.

Die Alternativen waren somit:

- Eigentumswohnung (warum?)
- Reihenhaus (bitte nicht!)
- Einfamilienhaus (ja eventuell)

Besuche u.a. bei diversen Maklern folgten. Einer von denen hieß Stippler aus Sipplingen, der zeigte mir ein Haus in Stockach, davor stand ein Volvo, so wie ich einen hatte. Das Haus war aber viel zu teuer.

Ein anderer Makler erfuhr, dass ich aus München kam: er lachte und sagte, ich solle hier in Baden lieber nichts kaufen. In München und Oberbayern gäbe es so viele schöne und gut erhaltene Wohnungen und Häuser, hier in Baden würden viele Leute aber neben "Schaffe Häusle Baue" auch recht ausgiebig trinken und hätten dann für eine gute und gediegene Ausstattung ihrer Wohnstätten kein Geld mehr.

Meine neue Sekretärin, Frau Stengele, hatte ein Fertighaus (Schwörer-Haus) gewählt und bezogen, das war recht interessant, (vor allem wegen der kurzen Bauzeit). Wir fuhren gleich nach Neuhausen hin, das Haus war längst schon fertig, wenn auch die Lage inmitten einer Siedlung im Flachland westlich von Aach mir nicht besonders gefiel.

Irgendwann einmal kam auch der Gedanke hoch, wir sind ja am Land, warum nicht einen Bauernhof erwerben?

Abschreckend wirkt da erst einmal: da musst du dich um die Kühe, Ochsen, die Pferde, die Hühner und Enten, Hunde und Katzen kümmern, Maschinen betreiben, Weizen aussähen, Gras mähen, Heu einfahren, Misthaufen pflegen, Gülle ausfahren usw.

Anderseits fragt man sich: kann man nicht auf das hier speziell genannte Zubehör verzichten?

Man muss ja kein Vieh anschaffen und die Ställe und Heuböden kann man ja auch für was anderes verwenden, vielleicht ist die Lage so schön, dass man auch in einem landwirtschaftlichen Anwesen gut wohnen kann, meist ist ja sehr viel Platz vorhanden. Und das bisschen Modernisieren müsste ja zu schaffen sein...

Mein Studienkollege Helmut hatte da schon Praxis; der hatte sich in Schwindegg, östlich von München gelegen, einen aufgegebenen Bauernhof gekauft und wohnte dort mit der Familie, nachdem er das Anwesen für das Wohnen etwas hergerichtet hatte. Später dann, nach seiner Pensionierung zog er dann weiter nach Markt Allhau im österreichischen Burgenland, um dort ganz groß "Bauernhof" zu betreiben (sogar mit Bienen!).

Ich besuchte ihn daher mit Familie in Schwindegg und sah mir alles an. Da war sehr viel Grund dabei und Erika, Helmuts Frau, hatte sich einen Wunsch erfüllt und ein Pferd angeschafft.

Helmut hatte für meine Bauernhofsuche auch gleich einen praktischen Hinweis betreffend einer Entscheidung: "Du brauchst Wasser und Strom am Grundstück, ohne dem ist es nichts. Am besten auch noch Kanal oder eine Grube für das Abwasser. Und mit dem Auto hinfahren können ist auch ganz wichtig."

Wenn man an einen Bauerhof denkt, fallen einem gleich berühmte Bücher ein, wie z.B. von

Seymour "Das Leben auf dem Land" oder
"Umbau alter Bauerhäuser" oder
"Abenteuer Landleben" im Fernsehen oder
"50 Anleitungen Landleben".

Diese Schilderungen sind hochinteressant und sehr detailreich und erfreuen die Phantasie des Lesers.

Was kann man da nicht alles "auf dem Lande" machen, Selbstversorgung, Öko-Gemüse und Obst, Hühner gackern und legen Eier, Schweine im Stall, Pferde für den Ausritt, gute Luft....

Dazu zur Einstimmung noch ein Gedicht:

Lustiges Landleben

Kühe brüllen, Schweine grunzen
Wurschtmaschin macht fette Blunzen
Riesenhaufen Stinkemist
und ein Pferd, das Hafer frisst.
Schafe blöken, Tauben schwatzen,
jede Menge Enten, Katzen!
Ziegen meckern, Hühner gackern,
Bauer geht die Felder ackern.
Hasen, Frösche, Schlangen, Schnecken
tun den Stadtbewohner schrecken.
Jogl steht am Heugerüst
wo er dann schön runter grüßt
Annamierl melkt die Kuh
Girgl stellt sich gleich dazu.
Doch der Hund, das blöde Biest
welcher ausgerissen ist
rennt dem Madl zwischen d_Haxen
und reisst um die oide Kraxn.
Pltsche patsche krachbum tschinn..
Jogl liegt im Sautrank drin
und der Häfen kippt in_Dreck
und den Jogl schwappt es weg.
Lieber Leser, merkt Dir das
Landwirtschaft, das ist kein Spaß!

Eines Tages fuhr ich mit einem Makler durch Homberg/Münchhöf
und da sagte der zu mir, dort unten im Tal steht ein Bauernhof, da
wohnt noch einer, der ist behindert, aber der wolle keinen Makler
sehen und das Anwesen auch nicht hergeben.

Ich vergaß diesen Hinweis und guckte mir auch weitere Häuser in
Stockach und Umgebung an, aber die Preisvorstellungen der
Verkäufer waren recht hoch.

Doch dann sah ich im "Südkurier" vom Wochenende eine Anzeige:

"Landwirtschaftliches Anwesen

30 Ar, schöne, ruhige Lage, 15 Autominuten zum See, Ökonomie und Nebengebäude neu, Bachdurchlauf (Nutzung: Fischzucht oder Wassergeflügel), Anwesen vielseitig verwendbar - Altersruhesitz, Pferde, Pony, Kleintierhaltung, krankheitshalber zu verkaufen, auch an Nichtlandwirte, evtl. auf Rentenbasis. Zuschriften unter ST 4907 Südkurier Stockach."

Ich sandte dann eine Postkarte an die Zeitung und gab die Rufnummer meiner Firma an. Als dann bald darauf ein Herr Jäger anrief, beurlaubte ich mich kurz von der Firma und fuhr an die angegebene Adresse Homberg, Minkenmühle 1.

Das war schon spannend, der erste Anblick, der erste Eindruck.

Durch eine "stark verwitterte" Türe betrat ich das Anwesen, dessen Westseite schon lange keinen neuen Verputz oder Anstrich gesehen hatte. Dann rührte sich wer im hinteren Zimmer. Dort lag der Eigentümer Jäger im Bett und wir unterhielten uns erst einmal ein wenig. Er hatte auch schon eine Grundbuch-Übersicht dabei, die gab er mir und ich versprach, ihm bald Bescheid zu geben.

Dann erkundigte ich vorerst nur das Haus und die Nebengebäude. Im ersten Stock des Wohngebäudes war zwar eine schreckliche Unordnung in den Zimmern, alles aus den Kästen herausgezogen und auf den Fußboden geworfen, aber die Bausubstanz innen sah noch ganz gut aus, dort konnte man für den Anfang schon wohnen.

.
Nun ließ ich meine Familie und ein paar Fachleute aus meinem Bekanntenkreis das Objekt besichtigen, die Urteile waren sehr

unterschiedlich. Mir gefiel ja die Lage im Außenbereich, weitab von Ortschaften, aber es gab Wasser und Strom und Telefon und die Zufahrt war gut möglich. Und zur Firma war es nur 15 Minuten mit dem Auto...

Kurz und gut, eines Abends kam ich mit einer Flasche Rotwein den Jäger besuchen, wir vereinbarten bei einem Viertele einen Kaufpreis für alles um 98.000 DM und einen Vorvertrag mit Unterschriften schlossen wir auch. Die Weinflasche aber begehrte der Jäger sehr...

Im übrigen wurde dann später ermittelt, dass der Grundstückswert 15.020 DM und der Gebäudewert 82.980 DM sein sollte, was steuerlich von Relevanz war.

Beschreibung des Grundstücks

Im Grundbuch von Eigeltingen - M Blatt 0007 Einlegebogen 1 waren insgesamt vier Grundstücke verzeichnet:

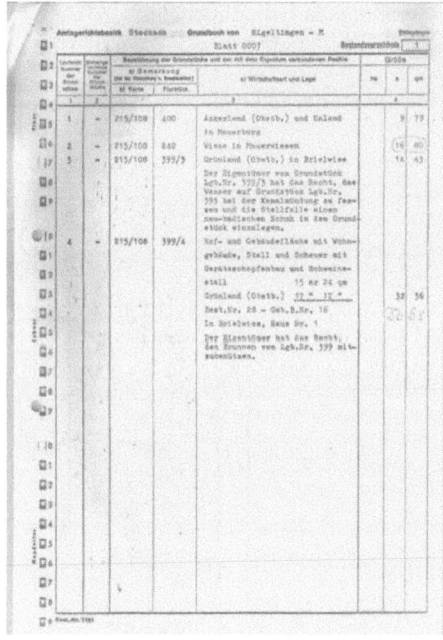

Vorbemerkung: Die Grundstücksgrößen waren darin in ha, a und qm angegeben. Zur Erinnerung:
1 ha = 10.000 qm (h = 100 x)
1 a = 100 qm

Bemerkenswert sind die schönen Flurbezeichnungen: Mauerberg, Mauerwiesen, Brielwies.

11

Nr.1 Flurstück 400   Ackerland (Obstb.) und Unland in Mauerberg
9 ar 79 qm (also 979 qm)

Nr.2 Flurstück 240   Wiese in Mauerwiesen
16 ar 80 qm (gleich 1680 qm)

Nr.3 Flurstück 399/3 Grünland (Obstb.) in Brielwies
14 ar 43 qm (gleich 1443 qm)

Nr.4 Flurstück 399/4 Hof- und Gebäudefläche mit
Wohngebäude,

Stall und Scheuer mit Geräteschopfanbau und
Schweinestall
15 ar 24 qm (1524 qm)

Grünland (Obstb.)
17 ar 12 qm (1712 qm)

Best.Nr. 28- Geb.B.Nr. 16
in Brielwies, Haus Nr.1

Rechnet man die gesamte Fäche dieses Grundbuchblatts 0007
zusammen, so gibt das 7338 qm oder 73,38 a oder 0,7388 ha.

Bis auf das Flurstück 240 waren alle Grundstücke rund um das
Anwesen.

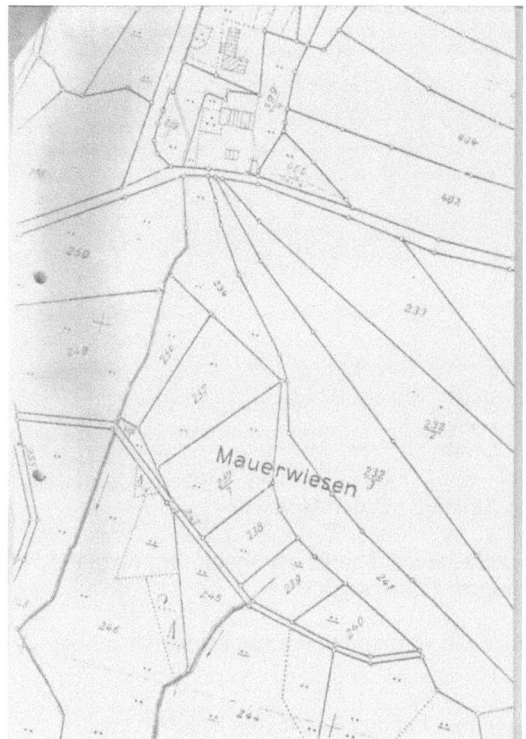

Von diesem abseits gelegenen Flurstück 240 wird noch die Rede sein. Jäger hatte sie gegen eine geringe Gebühr und ohne Vertrag an Rimmele verpachtet, der mähte dann diese Wiese, sodass sie nicht ungepflegt war.

Ackerland, Wiese, Grünland, Obstb., Hof- und Gebäudefläche: das war ja alles verständlich. Das Wort "Unland" hörte ich hier zum ersten Mal. "Unland" sind Felsen, Steinriegel, größere Böschungen, Dünen, stillgelegtes und nicht rekultiviertes Abbauland udgl. Dazu das Foto.

Grundstück 400, das „Unland" mit den Mirabellen

"Geräteschopf" ist auch ein nicht überall bekannter Begriff, man kann aber auch "Schuppen" dazu sagen.

Interessant waren auch die vermerkten Rechte zu den einzelnen Grundstücken:

- zu 399/4: Der Eigentümer hat das Recht, den Brunnen von Lgb.Nr. 399 mitzubenützen.

  Das war natürlich wertvoll, so brauchte ich keinen eigenen Brunnen. Nr.399 gehörte der Familie Gobs nebenan, Adresse Minkenmühle 2.

- zu 399/3: Der Eigentümer von Grundstück Lgb.Nr. 399/3 hat das Recht, das Wasser auf Grundstück Lgb.Nr.393 bei der Kanalmündung zu fassen und die Stellfalle einen neubadischen Schuh in das Grundstück einzulegen.

Da fragte sich ein normal Sterblicher natürlich ganz unbedarft, was sollte da ein Schuh im Grundstück. Ich erinnere mich noch, dass ich den Notar beim Verlesen des Kaufvertrages danach fragte, der stoppte seine, mit dröhnender Stimme geführte Vorlesung, sah mich wegen dieser Störung seiner Amtshandlung vorwurfsvoll an und wiederholte sodann den Text mit noch lauterer Stimme; erklären konnte er fatalerweise nichts.

Wikipedia kann heute da ggf. hilfreich sein, damals 1968 gab es diese Auskunft aber noch nicht.

Wikipedia: Eine Stellfalle, auch Stellschütz genannt, ist je nach Bauform ein Schutzbrett oder eine kleine Schleuse. In der Wasserwirtschaft dient eine Stellfalle zur Regulierung von Wassermengen etwa bei der Ausleitung von Fluss- oder Bachwasser in Kanäle.

So ein Wasserrecht hört sich ja hochinteressant an, war in meinem Fall aber nicht realisierbar. Der dazugehörige Kanal, also die verrohrte oder oberflächliche Wasserzufuhr zur "Minkenmühle" war schon längst zugeschüttet und eine Mühle gab es im gesamten Anwesen "Minkenmühle" nur im Namen, sonst aber nicht.

Der Bach war zwar vorhanden und führte auch Wasser, für eine Mühle war der regelmäßige Durchlauf aber zu wenig, da hätte man aufstauen müssen. Und ich hatte auch nicht das Verlangen, mir so eine Wasserwirtschaft einzurichten.

Wenngleich heute (wie auch damals) anstelle einer Mühle ein Wasserkraftwerk zur Eigenstromerzeugung doch recht interessant gewesen wäre.

Der Bach wurde von einem Sachverständigen-Experten nicht als Vorteil, sondern als Nachteil bewertet. Tatsächlich trat der Bach nach heftigen Regenfällen mehrmals im Jahr über die Ufer und überschwemmte das Grundstück 399/3. Das war aber durch den zu schwach dimensionierten Durchlass unter der Zufahrtsstraße bedingt.

Zum "neu-badischen Schuh" aber wusste auch Wiki nichts. Ein "Schuh" kann auch ein Längenmaß sein, aber wahrscheinlich ist damit eine besondere Form dieser Wasserschleuse gemeint. Selbst eine Anfrage beim badischen Wasserwirtschaftsamt Konstanz, was denn ein "neu-badischer Schuh" sei, den ich am Grundstück hätte einlegen dürfen, erbrachte keine Auskunft, man wusste dort auch nicht Bescheid.

Doch neben diesen, im Grundbuch/Bestandsverzeichnis eingetragenen Rechten gab es auch Lasten, z.B. in der zweiten Abteilung. Das merkte ich, als ein Brief des EVU Badenwerks kam, der von mir als neuen Eigentümer die Anerkenntnis des Mastenrechts auf dem Grundstück einforderte.

Den Masten auf dem Grundstück, neben dem Haus, hatte ich natürlich gesehen, der störte mich vorerst nicht. Es war eine 20 kV-Drehstrom-Leitung von Münchhöf-Homberg nach Münchhöf-Brielholz und da die Leitungsführung einen Knick bei mir machte, brauchte es zur Bewältigung der zweimal drei Seillasten 20 kV und der 2 x 4 Niederspannungs-Seillasten 3 x 380V einen sogenannten A-Mast, also einen zweiteiligen Mast.

Ich wollte den Inhalt dieser Last wissen, aber das Dokument wollte das Badenwerk zuerst nicht herausgeben, das bekam ich erst nach der Auflassung im Grundbuch. Es hieß "Bestellung einer beschränkten persönlichen Dienstbarkeit" und war vom 13.12.1968. Damals hatte das Badenwerk Herrn Jäger dafür, dass sie auf seinem Grundstück einen Mast errichten und die Leitung 20 kV über das Grundstück führen durften, eine Entschädigung von 225 DM bezahlt, eine wahrlich schäbige Summe. Wenn der Mast einmal entfernt worden wäre, hätte Herr Jäger diesen Betrag zurückzahlen müssen.

Mich hatte der A-Mast des Badenwerks nicht besonders gestört. Das Badenwerk wäre auch bereit gewesen, ihn zu verlegen, aber da hätte ich dann alle Kosten dafür zahlen müssen.

Was mir allerdings später dann auffiel, als ich dort regelmäßig übernachtete und längere Zeit wohnte, war in der Stille der Nacht ein leichter 50 Hz-Brummton im Ohr. Nun bin ich zwar nicht elektrosensitiv, aber bei einer Luftlinen-Entfernung von etwa 8m zwischen Bett und der 20 KV-Hochspannungsleitung kommen einem da schon entsprechende Vermutungen. Das Brummen hörte ich auch nur, wenn ich in der Minkenmühle schlief, untertags und an anderen Orten hörte ich keinen Brummton.

Ein weiterer Eintrag in der Abt.2 des Grundbuchs Blatt 0007 lautete:

Laufende Nummer des betroffenen Grundstücks im Bestandsverzeichnis: Nr.3

Der Eigentümer von Lgb.Nr.391, 393 darf das durch sein Grundstück fließende Wasser zur Bewässerung seiner Wiesen benützen. Einträge im Grundbuch Band 8 S.438 Nr.88 vom 21.September 1873 hierher übertragen...

Da ist dem Grundbuchamt beim Übertragen aber ein Fehler passiert. Mein Bach fließt nämlich durch Grundstück 399/3 und nicht durch 393. Hat aber niemanden gestört!

Weitere Vorgeschichte Minkenmühle 1

Im Jahr 1950 übernahm Alfred Jäger von seinem Vater Johann Jäger, geb. 1885, den Hof in Münchhöf. Vater Jäger und Mutter Theresia Jäger geb.Lorenz, geb. 1892, sollten weiterhin dort wohnen dürfen, der Vater im Erdgeschoß, die Mutter im Obergeschoß. Im Vertrag war festgehalten:

- dass es eine gemeinschaftliche Wohnstube "in ortsüblicher Weise" geben solle

- ferner Lieferung, Reinigung, Ausbesserung und Instandhaltung der Bekleidung und der Wäsche der Berechtigten

- eine gesunde, ausreichende und dem jeweiligen Gesundheitszustand der Berechtigten angepasste Kost am gemeinsamen Tisch

- Abwartung und Pflege in kranken und altersschwachen Tagen sowie Herbeiholen des Arztes und der Arzneien

- Zahlung der Arzt-, Apotheker- und Krankenhauskosten der Berechtigten, soweit sie nicht durch die Kasse gedeckt sind

- Gewährung einer Rente von je DM 10,- - zehn Deutsche Mark - an jeden Altersteil, am Monatsende zahlbar, erstmals fällig am 31.August 1950

- Gewährung von jährlich drei Ster Tannen- und Buchenholz gemischt, gesägt und gespalten, an die Mutter, zur Beheizung des ihr vorbehaltenen Zimmers

- Übernehmer trägt die Kosten für die Beerdigung, für die Grabsteine und für die Grabpflege der Berechtigten.

Bei nicht ordnungsgemäßer Leistung durften die Berechtigten auf Kosten des Verpflichteten fremde Hilfe in Anspruch nehmen.

Der Jahreswert dieser Leibgedinge wurde als Reallast mit DM 600,- ins Grundbuch eingetragen.

Alfred Jäger hatte aber noch 5 Geschwister auszuzahlen (je DM 500,- Gleichstellungsgelder an Elise, Josef (kriegsvermisst), Anton, Maria und Ernst).

Für Josef Jäger wurde ein Rückkehrtermin bis 1.1.1954 festgelegt. Nach diesem Termin war das Gleichstellungsgeld zu erlassen.

Dann kam noch heraus, dass Ernst Jäger zusammen mit dem Vater im Erdgeschoss bis zu seinem 25.Lebensjahr wohnen durfte ("für die Dauer seines ledigen Standes, längstens aber bis zur Vollendung seines 25.Lebensjahres, in der neben der allgemeinen Wohnstube liegenden Stubenkammer") wie auch der Bruder Anton Jäger.

Zusammen hatten demnach in 1950 in dem Haus 5 Personen ihre Wohnung.

Niedergang einer Landwirtschaft

Aus einem im Anwesen von mir vorgefundenen Dokument konnte ich allerdings ersehen, dass die oben gelisteten Grundstücke nur der Rest eines seinerzeit viel mächtigeren Anwesens war. Bei dem gab es 1955 noch die Flurnummern 315/2, 275, 320, 232/3, 315/2 und 404 mit zusammen nochmals 25087 qm an Ackerland, Wiesen, Grünland usw., mit oben genannten, restlichen Flächen somit 35.425 qm.

Da steckte die tragische Geschichte eines unglücklich operierenden Landwirts dahinter, der im Laufe der Zeit eine Fläche nach der anderen z.B. an seine Nachbarn verkaufen musste, um Schulden zu tilgen und überleben zu können.

Wenn er dann keine Wiesen mehr hatte, um Futter für seine Tiere zu ernten, musste er Futter vom Händler zukaufen, was die finanzielle Abwärtsspirale noch verstärkte. Dann waren die Kühe zu verkaufen usw.

Und nun geht der Blick in die Abteilung 3 des Grundbuchs. Der nächste Schritt waren dann Schulden bei Lieferanten und bei der Volksbank, zu deren Sicherheit Einträge im Grundbuch erfolgten: 8000 DM in 1969, 15000 DM in 1972, 5000 DM in 1976, 7000 DM in 1977 und 5000 DM in 1978, zusammen somit 40.000 DM. Die Volksbank wollte dann auch nicht mehr Belastungen riskieren, da war auch mit dieser Art von Geldbeschaffung das Ende erreicht.

Bank und Ortsvorstand drängten Jäger zum Verkauf und Umzug ins Altersheim, doch das wollte der vorerst noch nicht.

Ich vereinbarte mit der Volksbank, dass wir, um Eintragungskosten zu sparen, den Betrag von 40.000,- DM als Grundschuld übernehmen und diesen Kreditbetrag auch bedienen würden. Die Zinsen waren damals 6,5% p.a. und die Tilgung 2% p.a., beginnend am 31.12.1979 mit dem Recht der jederzeitigen Sondertilgungen.

Eine weitere Bedingung war der Beitritt zur Volksbank, ich musste also mit einer Mindest-Einlage von DM 50,- "Genosse" werden. Diese Einlage hat damals die Volksbank ihren Genossen mit 8% verzinst!

Gebäude des Anwesens, bautechnische Beschreibung:

Der Wohnteil war massiv gebaut, hatte zwei Vollgeschosse und war halb unterkellert. Die Außenwände waren aus Bruchsteinmauerwerk, im EG 38 - 50 cm stark, darüber Ziegelmauerwerk 38 cm. Die Wohnfläche EG+1.OG war ca.94 qm. Der Keller war ca.25 qm groß. Dachstuhl: Holzkonstruktion, mit Ziegel eingedeckt. Die Geschoßdecken waren Holzbalkendecken, die Türen Holztüren, die Böden Holzböden, die Treppen geradläufige Holztreppen. Das Gebäude hatte einen Schornstein, geheizt wurde mit Ölöfen. Im EG war ein Waschbecken und eine Spüle.

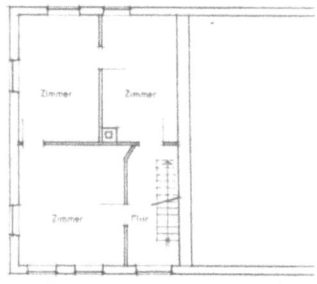

Grundriß OG

Grundriß EG

Der landwirtschaftliche Teil: ehemaliger Stall, Tenne, Wagenab-
stellraum, Keller (Rübenkeller), zusammen 124 qm, der Heustock
131 qm. Der Scheunenteil hatte auf der Nordseite ein ca. 2-3m
auskragendes Vordach.

Der Schweinestall war ein massiv aus Ziegeln gebautes Gebäude
mit einem Pultdach mit Ziegeleindeckung und 37qm Nutzfläche..

Der Hühnerstall hatte Außenwände aus Hohlblocksteinen, das Dach bestand aus Wellasbest-Zementplatten und 15 qm Nutzfläche

Hühnerstall („Hühnerbungalow")

Stalldecke

Im März 1987 erhielt ich ein Schreiben der Stadt Stockach, Baurechtsamt, dass in den Jahren 1954 bis 1957 sogenannte "Tonerdeschmelzzement"-Spannbeton-Fertigteildecken hergestellt wurden und in meinem Kuhstall sich eine derartige Decke befinde.

Das hatte mir auch schon der Jäger gesagt und dass er Holzpfosten zur Abstützung der Decke im Kuhstall angeschafft hätte.

In 1966 hat er bereits 125 DM für die "Durchführung des Indikatortestverfahrens" der Tonerdeschmelzzementdecke an das Landratsamt Stockach bezahlen müssen.

Das Baurechtsamt schrieb dazu, dass diese Decken " verschiedentlich zu Beanstandungen geführt haben" und dass die Forschungs- und Materialprüfungsanstalt (Otto-Graf-Institut) - FMPA - eine Deckenuntersuchung durch Entnahme einer Materialprobe und gleichzeitig an der Unterseite der Decke eine Überprüfung der Stahleinlagen auf Rostspuren vornehmen werde. Man sagte mir später, angeblich seien derartige Decke einsturzgefährdet. Die Ursache sei eine schädliche chemische Verbindung des in einem Kuhstall stets vorhandenen Ammoniaks mit dem Tonerdeschmelzzement.

Da ich für den Kuhstall außer für die Abstellung von Geräten und Material keine Verwendung hatte, habe ich mich weder darüber besonders aufgeregt, noch die Decke mit Baumstämmen abgestützt noch die Decke abgebrochen. Optisch sah sie sehr solide aus und keineswegs einsturzgefährdet. Pflichtgemäß habe ich Jahre später das auch meinem Käufer mitgeteilt, aber auch der hatte nach Besichtigung keine Bedenken.

Vertrag und Inbesitznahme

Der Ortsvorstand erzählte mir, er habe da einen sozialen Dienst in Stockach, der betreue den Jäger täglich in der Minkenmühle, wo er im Bett lag. Er lud mich ein, ihn bei der Sitzung des Ortsteils-Gemeinderates zu besuchen. Das tat ich und trat in den Kreis würdiger badischer Landwirte, die aber nichts sagten, nur der Ortsvorstand sagte: Sie wissen gar nicht, wie froh wir sind, dass Sie das Anwesen übernehmen.

Was er nicht sagte: Sie wissen gar nicht, wie froh wir sind, dass wir jetzt den Jäger los sind. Ferner sagte er: Sie werden aber Probleme haben, ihn aus dem Haus und zum Notar zu bekommen.

Dann hatte er auch gleich Wünsche hinsichtlich der Minkenmühle: ich möchte doch die Westwand gleich neu verputzen und die Brennnesseln vor dem Anwesen abmähen.

Notartermin am 13.12.1978

Es war dann doch nicht so schlimm wie befürchtet, die Caritasschwester war behilflich, den Jäger aus der Minkenmühle in meinen Wagen hinein zu befördern und in Stockach dann hinauf ins Notariat.

Den Bauernhof kauften dann Martha und ich. Es wurde Lastenübergang zum 1.1.1979 vereinbart und dass der Jäger noch bis 1.4.1979 im Hause mietfrei wohnen dürfe. Nach dem 1.4 1979 wurde eine monatliche Miete von 300 DM vereinbart und ferner, dass das gesamte Inventar der Gebäude mit verkauft sei, jedoch nicht die Fernsehantenne (!).

Ferner erklärten wir uns bereit, Jäger bei der Räumung behilflich zu sein.

Er wollte selber noch einiges an persönlichen Sachen und Möbel verkaufen und setzte dazu ein Inserat in die Zeitung, aber zu dem angekündigten Termin war er nicht mehr in der Minkenmühle. Die Interessenten betraten dann das Haus (es war ja nicht versperrt) und sahen sich die Gegenstände an, verspürten aber keine Lust zu deren Erwerb und fuhren ärgerlich wieder nach Hause.

Der von mir gezahlten Kaufpreis ging dann aber nicht an den Verkäufer Jäger, sondern an die Volksbank, dem Jäger blieb somit nur der Rest. Das störte ihn nicht, er war happy wie folgt:

Er war nach dem Verlassen des Hauses zuerst im Engener Krankenhaus untergekommen (das war bei seinem Gesundheitszustand und seinem Alkoholkonsum kein Problem), später dann landete er in Konstanz.

Die Vorgeschichte dazu war die:

Er hatte nach dem Verkauf der Minkenmühle noch im Dezember 1978 ein Inserat in der Zeitung veröffentlichen lassen:

"Witwer, 54 Jahre, alleinstehend und sehr einsam, nicht unvermögend, Frührentner, wünscht Bekanntschaft mit einer lieben Frau, die genauso einsam ist wie ich und mit mir den Herbst des Lebens verbringen möchte. Bei Zuneigung spätere Heirat zugesichert. Gute Altersversorgung. Zuschriften unter ST 4964 Südkurier Stockach."

Also zum "nicht unvermögend" und "gute Altersversorgung" hatte ja der Verkauf der Minkenmühle fast ausschließlich beigetragen.

Als ich ihn dann einmal zu kontaktieren hatte, erzählte er mir, der Erfolg dieses Inserates sei sehr groß gewesen, jedoch fast alle Kontakte "nur Bordell".

An- und Abreise zur Minkenmuhle

Ich bin zuerst mit meinem PKW Volvo von München zur Minkenmühle gefahren, das dauerte meist drei Stunden. Ab 1981 hatte ich meinen "dienstlichen" Mercedes dafür mit Privatbenutzungsmöglichkeit.

Die Route war zuerst so: von München Olympiapark über den Mittleren Ring, Verdistrasse zur Autobahn Richtung Stuttgart. Auf dieser A8 bis Ulm West, dort Abfahrt, durch Ulm hindurch und ins Donautal

Richtung Erbach, Ehingen, Riedlingen, Mengen, dann ab nach Krauchenwies, Messkirch, Schwackenreute, Stockach und ab Nenzingen gings dann "in die Prärie" zur Minkenmühle.

Später dann wurde eine alternative Route beliebt, über den Ring zur Autobahn A96 nach Lindau, auf dieser bis Memmingen und dort dann bei Aitrach abfahren. Weiter dann über Bad Wurzach, Bad Waldsee, Aulendorf, Pfullendorf, Malspüren, Winterspüren nach Stockach. Das war eine schöne und abwechslungsreiche Route und die war kürzer als die über Ulm. Eine weitere Alternative führte dann über Saulgau und Ochsenhausen.

Es gab theoretisch nach Fertigstellung der Autobahn Stuttgart - Singen auch die Möglichkeit, fast nur mit Autobahn von München nach Eigeltingen zu kommen: München - Ulm - Stuttgart - Herrenberg - Rottweil -Engen und von dort nur mehr ein kurzer Trip über Aach nach Eigeltingen. Das war sicher die längste Route und nicht von praktischer Bedeutung.

Die Heimreise war dann meist in umgekehrter Richtung. War das am Sonntag, besuchte ich am Weg die Abendmesse in Stockach.

Am Ende der Messe war dann immer noch eine Verkündigung der Veranstaltungen in Stockach. Der Pfarrer sagte da z.B. "Nächste Woche ist unser "Batza". Damit war dann aber der private Verkauf (Basar) von Kleidung, Spielzeug, Büchern usw. im Pfarrheim gemeint.

Erste Aktivitäten

Postfach

Da ich mich nicht auf den am Haus montierten Briefkasten – besonders bei längerer Abwesenheit – verlassen wollte, ließ ich mir am 2.11.1981 beim Postamt 7706 Eigeltingen das Postfach Nr.28 einrichten.

Wohnen in der Minkenmühle

Nach dem Kauf der Minkenmühle 1978 und Abzug von Jäger war ich abends nach der Arbeit bei der EMA immer gleich vor Ort, rein in den Blaumann, den Müllhaufen wegräumen, den der Jäger hinterlassen hatte, und Ordnung ins Haus bringen.

Da hörte ich auf einmal abends ein Auto, da kam ein Mitarbeiter der EMA, Herr Weber, und sagte, der Schröder aus Backnang hätte angerufen und ich müsse heute noch was dort abholen.

Na da war ich wohl sauer...

Räumarbeiten

Der Zustand der Wohnräume z.B. im Obergeschoß bei Übergabe war im wesentlich der, dass noch diverse Möbelstücke herumstanden. Die Türen der Schränke und die Schubladen der Kommoden waren offen und deren Inhalt (Wäsche, Kleidung, Bücher, Zeitschriften, Schriftstücke usw.) bedeckte den gesamten Fußboden, war also herausgenommen, verstreut und angehäuft worden.

Die Erklärung für diesen Sauhaufen: Da hatte jemand Geld in den Schränken und Truhen gesucht...

Da half nur eine generelle Entsorgung, wofür ein Unternehmen aus Stockach mir einen Behälter ("Mulde" genannt) vor das Haus stellte. War er voll, ließ ich ihn abführen, dazu gab es dann eine Rechnung.

Gegen Ende der Entsorgungstour kam dieses Unternehmen auf mich zu und sagte, sie hätten zunehmend Schwierigkeiten mit dem universellen Müll, es werde die Trennung kommen und die Mulden-Preise müssten das nächste Mal angehoben werden.

Die „Mulde" mit Jägers Müll

Wenn der Abfallhaufen nur Holzbestandteile waren, bot sich damals noch an, den Haufen einfach anzuzünden. Das war damals durchaus noch üblich und der Rauch belästigte ja niemanden.

In diesem Riesenhaufen Müll fanden sich aber interessante Stücke und so konnte ich etwas zur Geschichte dieses Bauernhofes erfahren.

Da gab es eine Rechnung des Maurermeisters Seliger aus Nenzingen aus 1960 über DM 602,45 für die Erstellung einer Gartenmauer. Die war ja, als ich kaufte, noch zu sehen. Entlang der Gartenmauer war ein Weinstock, der hatte im Herbst sogar kleine, essbare Weintrauben. Die 44 Maurerstunden nach Tarif kostete DM 2,40, zuzüglich 73% Soziallasten und 21 Hilfsarbeiterstunden zu DM 2,25 hatten auch 73% Soziallasten. Es waren u.a. auch 36 Sack Zement zu 4,40 frei Haus erforderlich.

Hochinteressant auch ein "Gesuch um Einstellung bei der Badischen Polizei oder Gendarmerie" vom 20.Februar 1947. Alfred Jäger ging damals noch davon aus, dass sein Bruder die Landwirtschaft übernehmen werde. Bedingung für die Bewerbung war u.a. "Nachweis der badischen Staatsangehörigkeit durch Abstammung".

Aus einem handgeschriebenen Lebenslauf von Alfred Jäger konnte man entnehmen, dass er 1925 in Homberg geboren, dort von 1932 bis 1940 die Volksschule in Homberg besucht und dann bis 1942 die Berufsschule in Eigeltingen besucht hatte. 1943 wurde er zur Wehrmacht einberufen, im Februar 1945 verwundet und kam in englische Gefangenschaft, aus der er im Oktober 1945 entlassen wurde und seither wieder bei den Eltern in der Landwirtschaft in Münchhöf war.

Da gab es auch etwa Zahlungsbefehle an Herrn Alfred Jäger betr. eine Rechnung für Futtermittel, eine für die landwirtschaftliche Alterskasse Karlsruhe, eine weitere von der Metallwarenfabrik Stockach und ein "Forderungszettel" der Gemeindekasse Münchhöf

27

betr. DM 12,- Hundesteuer sowie ein Antrag auf Leistung des Offenbarungseides...

Auch ein Wechsel aus 1959, noch von den Eheleuten Jäger und einer aus 61 und ein Bankschreiben aus 1962 mit einer Grundschuldeintragung über DM 7.500 auf die Grundstücke 399/4, 275, 400, 320, 240, 232/3, 315/2, 399/3 und 404. Daraus konnte ich ersehen, wie viele Grundstücke noch 1962 im Besitz von Jäger waren, verglichen zu dem, was ich dann erwarb.

Da lag auch eine Geburtsurkunde von Herrn Siegfried Wolfgang Jäger, geb. 2.1.1956, Eltern Alfred Jäger und Elise Josefine Jäger geb.Herz, beide katholisch und wohnhaft in Münchhöf, Minkenmühle. Da hatte der Alfred Jäger wohl nochmals geheiratet, im Übernahmevertrag 1950 war noch die Rede von Frau Theresia Jäger geb.Lorenz, die war offenbar in der Zwischenzeit verstorben.

Aber auch einen Spargutschein der Bezirks-Sparkasse Stockach für Frau Ingeborg Jäger geb 2.5.60 über 5 Deutsche Mark fand sich.

Desgleichen ein wunderschönes Kommunionbild, auf Holz aufgezogen:

"Ingeborg Jäger hat am 13.4.69 in der Kirche zu Eigeltingen zum erstenmal den Leib des Herrn empfangen.
Benno Will, Pfarrer."

Das Bild zeigt die Emmausjünger in Email von Egino Weinert, Köln.

Auch zwei weitere fromme
Bilder fanden sich im Müll der
Minkenmühle:

Früher gab es ja weder Waschbecken noch fließendes Warm- und Kaltwasser. Ich fand in der Minkenmühle noch ein prachtvolles Geschirr, das dem Zwecke der persönlichen Reinigung dienen musste.

Ferner fanden sich in der Tenne fünf Mostfässer (leer) und ein Most-bottich, da war also für den Alkoholbedarf der Jägers vorgesorgt worden. Am Grundstück waren ja auch Mostbirnbäume. Ich habe sie nicht verwendet; im übrigen fehlte die Obstmühle, die war vermutlich schon früher verkauft worden.

Für die Heizung des Wohnhauses gab es Ölöfen, dazu waren vier Ölfässer samt Pumpe in der Garage vorhanden.

Ich hatte in der Zwischenzeit das Wohnzimmer im ersten Stock und das Kabinett so einigermaßen hergerichtet, dass dann die ganze Familie dort in 3 Betten schlafen konnte. Das funktionierte schon gut.

In einer Nacht wachten wir aber von Geräuschen ober uns am Dachboden auf. Das war dann ein Marder, der fand irgendwo dort oben einen Stein und kollerte den mit großem Lärm über den leeren Dachboden im 2.Obergeschoß. Ich ging dann am Morgen nachsehen und fand in einer Ecke einen Riesenhaufen, den der Marder dort hinterlassen hatte - offensichtlich kam er hier öfter auf Besuch.

Im Herbst dann trieben sich im Erdgeschoß Mäuse herum, die verkrochen sich im Zwischenboden der Kellerdecke und machten sich auch gelegentlich über die im EG abgelegten Vorräte an Gartenprodukten (Äpfel, Pflaumen, Kartoffeln etc.) her. Da war dann Besuch einer "Großhandlung " (Fa.Dandler) in Stockach angesagt, dort gab es diverse Fallen und Mäuseköder in guter Auswahl.

Auf so einer Giftschachtel konnte man dann lesen: "Wird von Ratten und Mäusen gerne genommen."

Martha kocht ein gutes Mittagessen und serviert es uns mit der Bemerkung: "Wird von Hamstern gern genommen!"

Dazu wäre zum Verständnis anzumerken, dass wir als "Hamster" uns als weitere tierische Bewohner der Minkenmühle betrachteten.

Das Marterl der Minkenmühle

Neben dem Schweinestall, bei der Einfahrt, lagen die Überreste eines Steinmonuments, das hatte früher oben ein großes Kreuz mit Korpus drauf. Das lag aber nun abgebrochen daneben. Für seine Wiedereinsetzung oben auf dem Stein hätten wir einen Steinmetz gebraucht, das verschoben wir auf später.

Ich brachte das Kreuz in der Scheune in Sicherheit, dann stellten Martha und ich das "Marterl" wieder an seinem ursprünglichen Platz auf.

Damit wollten wir - trotz fehlendem Kreuz - für die Vorbeigehenden und - fahrenden ein Zeichen setzen.

Unter der Kreuz-Fassung war ein Steinrelief eines Kelches, darunter die bekannte Inschrift "IHS" und wiederum darunter eine Tafel. Die Inschrift auf der Tafel des Marterls war: "Herr durch Deinen bittren Tod hilf uns Armen aus der Not"

Unsere Nachbarin, Frau Gobs, kannte natürlich die Geschichte dieses Marterls:

Da hatte der Vater Johann Jäger dieses Kreuz aufgestellt, nach seinem Ableben blieb aber nur der eine Sohn Alfred Jäger im Anwesen, die anderen Geschwister waren bei Hofübergabe ja "ausbezahlt" worden.

Das ärgerte den Anton Jäger, der dann noch in Eigeltingen wohnte, und nach mehrfachen Drohungen, er werde das Kreuz zerstören, war es auch eines Tages kaputt.

Als dann der Alfred Jäger das Anwesen an uns verkauft hatte, und der Anton wieder nicht das Anwesen in Besitz nehmen konnte, kündigte der dann auch in der Kneipe von Eigeltingen lautstark an, er werde nun demnächst die Minkenmühle anzünden.

Also mit Feuer spaßt man nicht. Herr H. von der Volksbank erzählte mir das, worauf ich diese Ankündigung einer Straftat schriftlich der Polizeidienststelle in Eigeltingen mitteilte.

Die nahmen das dort zur Kenntnis, der Kommandant sagte mir aber, der Jäger habe ein Auto und er könne ihn nicht 24 Stunden täglich überwachen und verhindern, dass er nichts anstelle.

Dieser Jäger kam dann auch einmal als Mitfahrer im Auto eines Bekannten die Minkenmühle besuchen, ich war gerade nicht da. Martha erkannte die Lage aber sofort und bat den Fahrer des Autos, den Jäger gleich wieder zurückzubringen, da er "stark alkoholisiert" sei.

Einkaufen

Zum Einkaufen gab es das Lebensmittelgeschäft Laule in Eigeltingen, das von Martha und Renate sehr geschätzt wurde. Sehr beliebt auch der gute Bäcker in Eigeltingen. Dort war auch, im Seitental des Krebsbaches, das Gasthaus Lochmühle.

Die Schweiz war ja nicht weit, da sind wir öfter über Singen nach Stein am Rhein gefahren, dort gab es einen Migro-Markt mit bei uns unbekannten und nicht in Deutschland erhältlichen Delikatessen.

Beispiel: Kosten 1979

Anwesen Minkenmühle 1 in 7706 Eigeltingen, Notarvertrag vom
13.12.1978. Nutzen- und Lastenübergang am 1.4.1979.

Aufwand 1979, einige Positionen:
- Müllabfuhr und Reinigung 1500,- DM
- Gutachterkosten   400,- DM
- Bau- und Elektromaterial 1200,- DM
- Werkzeuge   350,- DM
  Erwerbsnebenkosten: Grunderwerbsteuer 1120,-
  Auflassung inkl.Vormerkung 127,- DM
              Eintragung   280,- DM
              Vermessungsamt, Karten 32,- DM

Kosten (inkl.An-/Abreisekosten):

        1980: 16.000,- DM
        1981: 17.000,- DM
        1982: 10.000,- DM
        1983: 7.500,- DM
        1964: 7.800,- DM

Nachbarn Gobs

Martha und Renate sind zum "Urlaub auf den Bauernhof" gekommen, Martha unterhält sich gut mit der Nachbarin, Frau Gobs (nur
der Hund der Gobs störte da). Anderseits war der Hund sinnvoll, bei
so einem alleinstehenden Gehöft.

Wenn es draußen aber brenzlig wurde, weil Leute herumstromerten,
da sperrte die Gobs ihren Hund lieber ein: „Sonst hab ich nachher
keinen Hund mehr!" war die Begründung.

Frau und Herr Gobs

Gobs hatten anfangs noch Kühe, Hühner, Katzen, Hunde usw. und waren in Haus und Stall und auf den Feldern und Äckern fleißig tätig. Die Kühe blieben aber im Stall, sie wurden nicht tagsüber hinausgelassen: „Sonst wollen sie nicht mehr rein in den Stall!"

Zuletzt hatten sie diesen Viehbestand aber doch aufgegeben, da es ihnen zu viel Arbeit wurde.

Beim Räumen des Hauses Minkenmühle 1 fand ich ein wunderschönes, altes Foto, das aber nicht mein Haus, sondern das des Nachbarn zeigte. Ich brachte das Bild zu Gobs, Herr Gobs meinte, das könnte "der Mink" sein, also der ehemalige Besitzer, der den zwei Anwesen den Namen "Minkenmühle" gegeben hatte.

Ganz klar war das nicht, ich bekam auch einmal eine Landkarte, da standen unsere Häuser unter "Münchenmühle" drin und wir waren ja auch Bewohner des Ortsteils "Münchhöf".

Die Gobs hatte zwei erwachsene Töchter, Irene und Monika, die aber nicht mehr bei ihr wohnten. Monika arbeitete als Bedienung im „Swiss Inn" in Singen.

Sie kamen öfter mit ihren Begleitern die Eltern besuchen und mehrmals wurde dann auf der Wiese zwischen dem Haus Minkenmühle 1 und dem Haus Minkenmühle 2 (Gobs) sogar ein "Festle" gefeiert, Bänke und Tische aufgestellt und es gab was zu trinken, wir waren stets eingeladen.

Die Gobs-Töchter hatten auch einmal eine Freundin dabei, die war
Vietnamesin und hieß Anong.

Als ich darauf in Stockach war, traf ich Monika Gobs und die sagte
gleich: Dort drüben ist das Haus, im 1.Stock wohnt die Anong. Da
dachte sie wahrscheinlich, ich sei nur wegen der Anong nach
"Stocke" gekommen.

Zur Familie gehörte noch Herrn Gobs Mutter, die Oma, die von ihnen gepflegt wurde.

Sie kam jedoch öfter, wenn Renate bei Gobs beim Fernsehen war, herein und schaltete einfach den Fernseher ab, da er sie störte.

Wir haben Frau Gobs eingeladen, uns in München zu besuchen. Ich wollte sie nach München im Auto mitnehmen, zurück wollte sie mit der Bahn fahren und Herr Gobs sollte sie von Nenzingen abholen. Wer damit aber überhaupt nicht einverstanden war, das war die Oma: „Was musst Du da mit dem fremden Herrn im Auto mitfahren?"

Frau Gobs gefiel es sehr gut in München, aber als wir mit der U-Bahn zum Marienplatz fuhren, fragte sie: „Ist das alles unterirdisch?" Sie war zuvor noch nie mit einer U-Bahn gefahren.

Der Viehhändler

Eines Tages kam der Viehhändler mit seinem LKW samt Anhänger und kaufte eine Kuh bei Gobs gegenüber. Die Kuh wurde nun aus dem Stall geführt und hinauf über die vom Anhänger herabgelassene Rampe aus Holzbrettern gedrängt. Die Kuh wollte aber nicht hinauf und so kam die Oma Gobs mit einem Prügel und haute damit auf den Hintern der Kuh. Die Kuh revanchierte sich von hinten mit einem Wasserstrahl, der die Oma erwischte.

So um etwa 3 Uhr in der Nacht Autolärm gegenüber bei Gobs. Das war ganz und gar unüblich, also stand ich auf, hängte mir meinen Bademantel um und sah hinaus. Da stand ein Transporter mit Anhänger, dessen Ladewand hinten herabgeklappt war, und einer trieb gerade eine Kuh aus dem Gobs-schen Stall heraus und in den Anhänger.

Da dachte ich mir: ist das nun ein Viehdiebstahl oder ein Viehhändler? Ich entschloss mich zum zweiten und ging wieder ins Bett. Am nächsten Morgen sprach mich Frau Gobs an: sie hätte vergessen, mich zu informieren. Der Viehhändler hatte das Vertrauen der Gobs, sie konnten durchschlafen und mussten nicht hinaus, zu kontrollieren, ob er die richtige Kuh und nicht etwa mehr mitnehme als vereinbart. Und für die Bezahlung war ja das Bankkonto da.

Unerwünschte Mitbenutzer

Das Anwesen Minkenmühle 1 hatte keinen Zaun oder eine
Umfriedung, nur der Garten war eingezäunt.

Ich arbeite im Garten in der Minkenmühle, da fährt ein Auto vorbei
und bleibt weiter vorne, gegen den Wald zu, stehen. Wie ich nach
einer Weile wieder in die Richtung sehe, steht doch tatsächlich so
ein Typ bei meinen Mirabell-Bäumen und stopft sich die Taschen
voll. Da bin ich hin und hab ihn verscheucht, der aber sagte nur
immer als Entschuldigung, die Mirabellen seien ja reif und gut...

Später sagte man mir, das sei wer aus Homberg gewesen.

Und dann klaube ich Nüsse auf und hole mir eine Stange, um die
reifen Walnüsse vom Baum herunterzuschlagen. Schon bleibt ein
Auto stehen und der (ländliche) Insasse belehrt mich, das sei ganz
schlecht für den Baum, wenn man Nüsse herunterschlage.

Der wollte sich offenbar auch meine Nüsse holen und ärgerte sich,
dass ich nun da war und er heute keine Nüsse mehr stehlen konnte.

Auch später noch traf ich Nussdiebe, zwei Familien sogar, die
flüchteten mit dem Fahrrad, als ich mit dem Auto ankam.

Daneben gab es noch mehrere Apfelbäume, Mostbirnen und
Zwetschken am Grundstück.

Garten-Vandalen

Der eingezäunte Garten war zwar stark verunkrautet, hatte aber
Johannisbeersträucher rot, schwarz und weiß und am Zaun mehrere
Weinstöcke, die sogar kleine, süße Beeren trugen. Einen weiteren
Weinstock gab es an der Hauswand.

Ich jätete den größten Teil des Gartens, säte Sonnenblumen und
Zuccinis und setzte Kartoffel – die wurden besonders groß.

Ich hatte im Garten auch Gemüse angepflanzt und freute mich über den guten Ertrag. Frau Gobs sagte, das sei kein Wunder, der Jäger hätte jahrelang den Kuhstall, Mist und Gülle, im Garten entsorgt.

Besonders schön wurden die Zuccinis, ich kannte diese bisher noch nicht.

Doch eines Tages war irgend jemand über den Gartenzaun ge-stiegen, hatte eine Zuccini abgerissen, durchgebrochen und dann wieder in den Garten geworfen. Der kannte die Zuccinis wahrschein-lich selber nicht und war dann enttäuscht, dass sie nicht wie Honig-melonen geschmeckt hatten.

Einbrecher

Eines Tages fand ich die Türe zur Scheune offen. Drinnen hatte sich jemand an dem Motor der Kreissäge zu schaffen gemacht, diesen schon fast von seinem Holz-Schubkarren abgeschraubt und alles zum Abtransport bereitgelegt.

41

Das veranlasste mich, alle nur möglichen Zutrittsmöglichkeiten zu den Wirtschaftsgebäuden zu prüfen und zahlreiche Schlösser und Sicherungsbänder zu montieren. Gobs sagte mir, das seien sicher Zigeuner gewesen, die hätten alles zum raschen Abtransport vorbereitet. Nun ja, da waren sie nicht erfolgreich.

Die Trink-Wasserversorgung

Ich hatte gemäß Grundbuchrecht mein Wasser vom Brunnen am Nachbargrundstück, somit vom Anwesen Minkenmühle 2 (also von Fam.Gobs) zu bekommen. Dazu war seinerzeit eine schwarze Kunststoffleitung entsprechenden Querschnitts vom Brunnen von Gobs in den Keller meines Hauses Minkenmühle 1 unterirdisch verlegt worden, das Rohr endete an einer Druckerhöhungsanlage, bestehend aus Pumpe, Motor zum Antrieb der Pumpe und Kessel als Druckspeicher. Allerdings stand diese Anlage am Boden des Kellers! Von dort führte das Kaltwasserrohr in das Erdgeschoß und in den ersten Stock.

Wenn ich das Haus verließ, sperrte ich immer das Wasser sicherheitshalber ab, im Winter war auch noch die Wasserleitung in die zwei Wohnungen, oben und unten, zu entleeren, damit sie nicht durch den ggf. auftretenden Frost zerplatzten. Ferner war der Wasser-Behälter des WC zu entleeren, die Wasserbecken-Syphone bekamen etwas Salz zwecks Frostschutz. Trotzdem:

Als es im Keller einmal fror, weil ein Tier die Kelleröffnungsabdichtung herausgedrückt hatte, ging die Pumpe durch den Frost kaputt. Da habe ich dann drei Kellerfenster aus Kunststoff gekauft und eingepasst.

Im Urzustand waren die Öffnungen mit Säcken verstopft

Und als dann zweimal der Keller voll unter Wasser stand, war aber jedes Mal der Elektromotor kaputt, da das ganze Aggregat am Boden des Kellers montiert war. Einmal hatte Gobs seinen Keller auspumpen müssen und das ganze Wasser auf meinem Grundstück hinter dem Haus, an der Nordseite abgeladen. Dieses Wasser drang dann in meinen Keller ein und zerstörte den Elektromotor der Druckerhöhungsanlage.

Ich kaufte dann Kunststoff-Dichtungsmasse und strich damit die Kellerwände und den Boden, das half schon recht gut gegen eindringendes Sickerwasser.

Ich ersetzte dann die vorhandene Pumpen-Motor-Konstruktion durch ein kompaktes "Hauswasserwerk". Diese Aggregate kamen damals über die gerade entstandenen Baumärkte in den Handel, und waren für mich die beste Lösung dieser Probleme, ich montierte so eine Maschine nahe der Kellerdecke, da war sie vor eindringendem Wasser sicher. Dazu kam noch ein Schmutzfilter mit Druckspülung (oben links zu sehen).

Beim gelegentlichen Prüfen dieses Filters stellte ich fest, dass sich doch recht zahlreiche Fremdkörper in diesem Filter gesammelt hatten. Aus diesem Grunde hatte ich schon immer das Wasser nur abgekocht verwendet. Ich konnte meinen Nachbarn davon über-zeugen, eine Reinigung des Brunnens in Auftrag zu geben und versprach ihm einen finanziellen Zuschuss.

Als ich dann das nächste Mal kam, berichtete mir Herr Gobs, es sei unglaublich gewesen, was da alles zum Vorschein gekommen sei, lebendiges und totes Material. Er fühlte sich sogar schuldig und wollte die Kosten voll übernehmen, wir haben diese Kosten uns aber dann geteilt.

Anschluss an Wasserleitung

Gobs hat dann als Altenative beim Bürgermeisteramt Eigeltingen wegen eines Anschlusses unserer Häuser an die öffentliche Wasserversorgungsanlage (hier: der Stadt Aach) angefragt. Diese Leitung verlief oben in Homberg in etwa parallel zur Straße nach Eigeltingen hinunter

Das Bürgermeisteramt Eigeltingen schrieb Herrn Gobs und mir am 18.3.1980 einen Brief, in dem auf die rechtlichen Probleme hinge-wiesen wurde. Beim Landratsamt Konstanz hatte die Gemeinde ein Rechtsgutachten angefordert, nach dessen Eingang wollte die Gemeinde die Rechtslage besprechen. Das ist aber nicht mehr erfolgt.

Es wäre also eine 600 m schwarze Plastikleitung von oben zu uns im Tale zu verlegen gewesen. Abgesehen von noch unklaren Rechtsfragen, waren die vorab geschätzten Kosten doch schon recht happig:

- Neu-Anschlusskosten 1000...1500 DM
- Rohrleitung 13.200 DM
- Anschluss Minkenmühle Verteilerschacht mit Zähler und Hydrant dazu jeder einen eigenen Schieber zu ca.200...300 DM.

Gesamtkosten ca. 16.000 DM

Der Ortsvorstand kam auf mich zu, Gobs könne allein das nicht aufbringen, ich möchte mich doch daran beteiligen. Das war mir aber zu teuer, noch dazu, da dann monatliche Wasserkosten (Grundgebühr und Verbrauch) zu entrichten wären.

Und dann, in Folge, könnte ja ganz einfach die Gemeinde mir eine neue Abgabe aufbrummen: anhand der Frischwasserkosten entsprechend hochmultiplizierte anteilige "Abwasserkosten", obwohl noch kein Kanal vorhanden war....

Müllabfuhr

Ich bekam von der Gemeinde Eigeltingen einen kostenpflichtigen Bescheid über Müllabfuhr; am Gemeindeamt sagte man mir, jeder Einwohner von Eigeltingen habe zu zahlen.

Ich stellte also die vorhandene Mülltonne vor die Haustüre, aber die wurde nie abgeholt. Nachdem ich reklamiert hatte, gab es keinen Gebührenbescheid mehr; es war den Müllmännern offenbar zu umständlich, die Minkenmühle im Außenbereich anzufahren.

Renovierung des Bauerhofes

1.
Die Zimmer in Erdgeschoß und Obergeschoß waren zwar arg vermüllt, die waren aber bald „bis auf den Fußboden" geräumt.

2.
Einige Probleme waren aber noch zu lösen: die Fenster und deren Laibungen im EG und OG waren verrottet und mussten ersetzt werden. Im Januar 1981 hat mir die Fa.Kästle aus Mühlingen die Laibungen für EG und OG geliefert und eingebaut.

3.
Die Hauseingangstüre war in einem desolaten Zustand und konnte nicht mehr gut abgeschlossen werden.

4.
Die Elektro-Installation war minimal, uralt und bedurfte der Ergänzung.

45

5.

Der Boden im Wohnzimmer, oberhalb des Kellerraumes, war marode und da musste der Zimmerer her, einen neuen Boden legen. Am 28.1.1987 legte mir der Zimmerer Martin aus Eigeltingen eine neue Holzbalkendecke, Kostenpunkt DM 6886,-.

6.

Der Kamin bedurfte dringend einer Aufmauerung, da war das Maurergeschäft Ada aus Aach zu beauftragen.

7.

Im OG war keine Waschgelegenheit und kein WC, auch keine Spüle.

8.

Im EG war nur ein Plumpsklo über einer Versitzgrube.

9.

Eine Außenbeleuchtung (Halogenscheinwerfer) war dringend nötig. Das war leicht einzurichten.

10.

In den Schlafräumen war ein Teppichboden zu legen.

11.

Der Hühnerstall hatte noch kein Licht, da war ein Erdkabel vom Wirtschaftsgebäude aus hin zu verlegen.

12.

Das Dach über dem Kuhstall war undicht, einige „Frankfurter Pfannen" zerbrochen, dort regnete es hinein.

13.

Das Sheddach an der Nordseite des Wirtschaftsgebäudes war undicht, auch hier waren Dachlatten und Dachziegel zu ersetzen.

14.

Das Anwesen hatte keine Zentralheizung, es war je Stockwerk ein Ölofen aufzustellen. Im EG gab es noch einen „Dauerbrandofen" für feste Brennstoffe.

15.
An der Nordseite EG gab es noch einen kleinen Raum mit Fenster, der entsetzlich heruntergekommen aussah.

Im Grundrissplan weiter oben ist er als „Speise" gekennzeichnet.

Auch der hatte eine Geschichte, Frau Gobs kannte sie: Eines Tages verkündigte ihr Herr Jäger, er werde sich jetzt ein tolles Badezimmer dort einrichten. Da waren die Gobs und andere entsetzt, gab es doch damals nirgendwo so ein Badezimmer und der Wasserverbrauch und die Entwässerung war ja bei diesem Anwesen nicht geklärt, es gab nur eine „Versitzgrube". Nachdem der Jäger seinen großspurigen Ankündigungen keineswegs Taten folgen ließ, blieb der Raum so, wie er war. Ich beschloss, momentan nichts in diesen Raum zu investieren.

16.
Der Rübenkeller in der Tenne ganz hinten, an der Hangseite, war immer feucht, nach Regen oder Tauwetter stand Wasser drin. Die Holzdecke darüber war daher verfault, ich hatte für den Ort keine Verwendung und ließ ihn im derzeitigen Zustand.

17.
Die Garage war in Ordnung, da konnte ich mein Auto gut abstellen und auch Werkzeuge und den Balkenmäher, sie war gut abschließbar und hatte auch eine Beleuchtung. Da musste nichts weiter gemacht werden.

18.
In der Scheune konnte man Bretter, Baumaterial etc. ablegen, dort war auch die Kreissäge mit dem Elektro-Motor auf einem Karren gut untergebracht.
Es gab sogar einen Drehstromanschluss.

19.
In der Tenne oberhalb des Kuhstalls und der Garage lagerte
noch uraltes Heu, das war dem Kompost zuzuführen.

20.
Vor dem Anwesen war das Gülleloch des Kuh- und Schweinestalls, es war mit einigen Baumstämmen abgedeckt, die oben
mit Gras bewachsen waren.

Was tun? Der Ortsvorsteher beauftragte auf meine Bitte hin Herrn
Rimmele, der hatte einen Tankwagen, das Gülleloch auszupumpen.

Das tat der Rimmele auch dann, es war Winter, also leerte er das
Fass gleich auf den benachbarten Feldern aus.

In der Folge lief das Gülleloch allerdings wieder mit Regen-
wasser voll. Der Beton-Ausbruch aus dem Schweinestall bot
sich zum Verfüllen der Senkgrube an, er wurde in dem Loch
versenkt und andere Erden dazu.

Als ich dann das Anwesen verkaufte, beklagte sich der neue
Besitzer, nun müsse er das Loch wieder ausheben, sonst hätte er
für seine Tiere keine Jauchegrube.

Die verfüllte ehem.Jauchegrube

21.
Ferner gab es im Dachgeschoß noch jede Menge kleinerer
Fenster, die alle aus Holz und im Zerfallzustand waren.

Westseite, alle Fenster sind schon erneuert

22.
Um den Durchzug durch das Treppenhaus vom EG zum Dach
einzuschränken, war eine Treppenhaus-Zwischenwand einzusetzen.

Holztrennwand im Treppenhaus OG-Dachgeschoß

Treppenhaus EG

23.
Vor dem Haus wollte ich eine Sitzbank und einen Tisch fest
aufbauen, um bei schönem Wetter draußen sitzen zu können.

Sonnenblumen, Weinstock, Tonne für Gießwasser,
Sitzplatz im Freien

24.

Dann war noch das Telefon aus der Jägerschen Schlafstube im EG ins OG ins Schlafzimmer zu verlegen. Das durfte man damals nicht selber machen, dazu war die Deutsche Bundespost da. Ich orderte auch gleich ein neues, grünes Telefon Serie 700. So ein Telefon war bei der abgelegenen Lage schon sehr wichtig.

Viele der obengenannten Arbeiten konnte ich selber ausführen:

25.

Die Eingangstüre war ziemlich „verwittert" und konnte auch nicht mehr verläßlich versperrt werden.

Im Haus lag da z.B.schon eine Aluminium-Eingangstüre, die hatte der Jäger aber nicht einbauen lassen. Ich betonierte einen Sockel, darauf konnte ich dann den Rahmen der Alutüre setzen und befestigen.

Neue Alu-Eingangstüre

Das Einsetzen der Laibungen ließ ich einem Fachmann machen, aber das Einsetzen der Fertig-Fenster aus Merantiholz machte ich selber. Diese Fenster gab es damals preiswert in den gerade entstehenden Baumärkten.

Alle Elektroarbeiten machten mir kein Problem, da war ausreichend Kenntnis vorhanden. Hauptsächlich neue Steckdosen und Anschlüsse für Leuchten und die Unterflurboiler waren zu legen.

Das Plumpsklo im EG montierte ich gleich ab und brachte es zur Verbrennung auf den Haufen. Dann setzte ich eine neue Platte und ein ordentliches WC, den Wasserzulauf ließ ich jedoch als Schlauch und sparte mir an der Stelle das Verrohren.

Das neue Klo

Warmwasser gab es keines in der Minkenmühle. Die Lösung war ganz einfach: kleine Elektro-Speicher zu 5 l bei jeder Waschstelle. Das war ideal und auch stromsparend, nur wenn wer Warmwasser brauchte, wurde dieser Speicher eingeschaltet. Und einen automatischen Frostschutz hatten diese Geräte ohnehin.

Bad und Dusche gab es noch nicht, das verschob ich auf später.

Wasserleitungen legen lernte ich mir selber, einfach Kupferrohr und Zubehör kaufen und verlöten. Letzteres konnte ich von meinen vorherigen Elektronikprojekten her.

Im EG und OG wurden je eine Spüle und ein Elektroherd aufgestellt und angeschlossen.

Die folgenden Bilder zeigen Renovierungszustände und fertige, benutzbare Räume. Die Möbel waren teilweise noch von Jäger vorhanden, einige konnten benutzt werden, andere wurden am Flohmarkt oder bei Ikea besorgt.

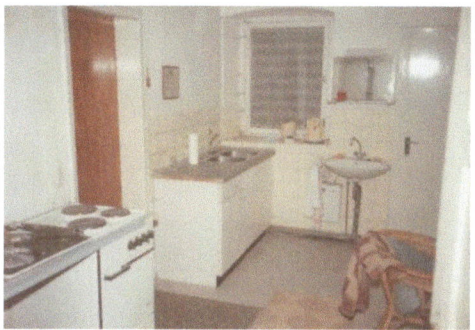

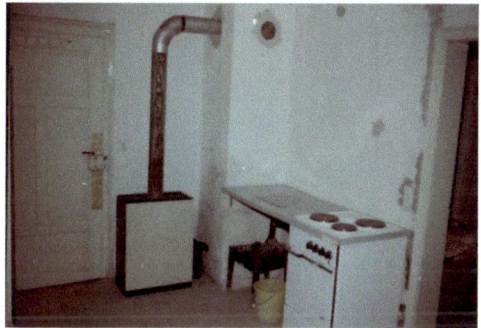

Küche EG

Küche OG

Schlafzimmer EG

Schlafzimmer OG

Wohnzimmer OG

Wohnzimmer EG - noch im Bauzustand (ist „unterkellert")
Fußboden bereits erneuert

Außenbereich

Vor allem die riesigen Wiesenflächen waren schon eine Herausfor-
derung. Dort wuchs das Gras, aber ich konnte es nicht brauchen, ich
hatte ja kein Vieh.

Ich habe den Grasschnitt dann einfach kompostiert, Platz war ja
genug vorhanden.

Ich wählte dann dazu die „Ausfahrt" aus dem Anwesen. Da war
nämlich eine Einfahrt und eine Ausfahrt vorhanden, um landwirtschaftliche Fahrzeuge, z.B. Heuwagen, einfach im „Durchfahren"
entladen zu können.

So etwas brauchte ich nicht. Anderseits benützten vorbeikommende
Kerle mit ihren Fahrzeugen spaßhalber diese Durchfahrt durch mein
Anwesen. Das störte mich schon sehr und dem war ein Riegel vor-
zuschieben: nicht ein Nagelbrett, nein, einfach einen großen Gras-
Kompostmisthaufen quer in der Ausfahrt errichten!

Später habe ich diese Barriere noch durch einen Nussbaum ergänzt.
Den grub ich an anderer Stelle des Grundstücks aus, wo er sich wild
angepflanzt hatte. In dieser Ausfahrt ist der Nussbaum jedoch sehr
gut wieder angewachsen.

Werkzeugbeschaffung

Als erstes habe ich mich mit entsprechendem Werkzeug versehen.

Zuerst hatte ich einen billigen gebrauchten Sichelmäher, aber der erstickte richtig in den Grasmassen. So habe ich dann einen richtigen, großen, selbstfahrenden Balkenmäher mit Benzinmotor gekauft, das war dann schon recht effektiv. Zu einem Aufsitzmäher hat es aber nicht gereicht, der war mir zu teuer.

Das war dann immer schon ein Erfolgserlebnis nach einer Stunde Mähen mit diesem Gerät. Allerdings musste ich dann noch das Gras zusammenrechen und auf einen Haufen stapeln.

Zusätzlich, für besondere Ecken, war dann noch eine Sense zweckdienlich und eine Sichel. Dazu kamen dann die üblichen Gartengeräte: Spaten, Rechen, Stichschaufel, Grabgabel, Mistgabel usw.

Bachsanierung

Gobs gab die Bereinigung des Bachlaufs bei der Gemeinde in Auftrag, die war rechtlich dafür zuständig.

Er dachte, der Stau bei seinem Straßendurchlass wirke sich auf Wasser im Keller seines Hauses aus.

So kamen denn die Bagger und pflügten Bäume, Weiden, Uferbewuchs, alles weg, und machten auf meinem Grundstück den Bach gerade.

Man hat mir dann erzählt, die Leute der Gemeinde hätten eine Menge Fische dabei herausgeholt!

Das Grundstück sah dann auch sehr verwüstet aus, doch das gab sich dann wieder, in ein paar Jahren war alles wieder zugewachsen.

Bachlandschaft im Sommer

Bach im Winter

Neben dem Bach stand eine kleine Birke, die hatte mir die Familie Kindl von ihren Bauernhof in Kothingdorfen mitgebracht.

Die war etwa 2 m hoch, als ich sie beim Verkauf /Wegzug ausgegraben und als Andenken mitgenommen habe. An ihrem neuen Standort ist sie prächtig gewachsen, nach 20 Jahren war sie schon 14m hoch.

Fernsehen

Schließlich organisierte ich einen tragbaren Fernseher, damit konnte man neben dem lokalen deutschen Programmen auch DRS Schweiz sehen.

Im Schweizer Fernsehen zeigen sie als Pausenfüller mehrere kleine Katzenbabys, und dazu sagte eine Stimme:

„Chatzebüsi, Chatzebüsi!"

Martha und Renate lachten sehr darüber.

Das Zweifamilienhaus

Als Ober- und Untergeschoß so einigermaßen eingerichtet waren, war die Auswirkung auf die Steuer zu klären. Das erfolgte so, dass das Obergeschoß als eine abgeschlossene Wohnung erklärt wurde (was auch der Fall war) und das Untergeschoß ebenso. Somit war das Zweifamilienhaus steuerlich geschaffen.

Im Obergeschoß wohnte dann ich mit Familie, das Untergeschoß vermietete ich an unseren Opa Viktor Palka.

Dieser hatte mich schon mehrfach gebeten, ihm die untere Wohnung zu überlassen, da er die Treppen hinauf in das Obergeschoß nur mit großer Mühe bezwingen konnte.

Ein schwarzer Tag

Im Lauf des Jahres 1979 gab es in der Firma in Aach, wo ich arbeitete, Probleme mit dem Absatz der von uns hergestellten Geräte, da ein Wettbewerber günstigere Typen auf den Markt gebracht hatte. Da war meine Anwesenheit und Aktivität in der Firma gefragt, ich konnte erst zu Weihnachten mit der Familie zwei Wochen in meinen Jahres-Urlaub fahren.

Aus dem Urlaub nach Weihnachten, also um Neujahr 1980, zurückgekehrt, wurde ich vom schweizerischen Fabrikherren gefeuert: er sagte, wir haben Verlust gemacht, Sie haben im Dezember die Firma im Stich gelassen, Sie sind gekündigt.

Dass er die Firma noch in 1979 durch Zahlung eines größeren sechsstelligen Betrages aufgrund Anraten seines Steuerberaters an eine damals aktuelle, berüchtigte Immobilien-Verlustbeteiligungs-firma in diesen Verlust mit voller Absicht getrieben hatte, wollte er nicht als Fehler erkennen, als Sündenbock war ich vorgesehen. Aus dieser Beteiligung hatte er im übrigen nie auch nur einen Pfennig Gewinn gemacht, er musste sie mit großem Verlust Jahre später wieder verkaufen.

Nun, da war ich wohl voll in der Patsche. Keine Gewinnbeteiligung mehr, Job verloren, Bauernhof in der Nähe gekauft, noch nicht alle Kredite dafür abbezahlt: da kamen einige Freunde und höhnten, na ja jetzt kannst Du als Arbeitsloser Dir den Bauernhof wohl wieder abschminken!

Irgendwer hatte das auch dem Ortsvorstand erzählt, der rief er mich an und erklärte mir eifrig, er sei bereit, das Anwesen als Makler anzubieten (auf den Jäger brauchte er ja keine Rücksicht mehr zu nehmen).

Auch der Vermieter meiner Wohnung in Aach kündigte mein Untermietzimmer mit sofortiger Wirkung. Das störte mich nicht weiter, die Minkenmühle war inzwischen schon bewohnbar und ich zog gleich dorthin um.

Ich beschloss das Gegenteil aller dieser Vorschläge, nämlich den Bauernhof zu behalten, ihn als Ferienort zu nutzen und einen Kündigungs-Schutzprozess gegen den Schweizer anzuzetteln, denn ich war dafür rechtsschutzversichert und beauftragte dafür einen Anwalt aus Konstanz.

Dann waren zahlreiche Besuche beim Arbeitsgericht Radolfzell nötig, dort saß dann ein Richter Topf(!) und der mochte mich nicht. Wahrscheinlich fühlte er sich mehr dem Schweizer Fabrikanten als mir verbunden. Sein Urteil gefiel mir nicht, ich musste zum Landes-arbeitsgericht nach Freiburg.

Diesen Prozess habe ich in der 2.Instanz gewonnen, den verlorenen Arbeitsplatz ersetzte ich dadurch, dass ich mich in 1980 in München mit meiner BATELCO GmbH selbständig machte und von der IHK München als Sachverständiger bestellen ließ.

Kurz zusammengefasst: diese Firma hielt bis ins Jahr 2012 durch und sicherte mir Erfolg, Einkommen und Überleben.

Besucher

Den Bauernhof mussten wir natürlich allen möglichen Verwandten und Bekannten vorzeigen und die kamen sehr gerne, das war ja eine nicht alltägliches Besichtigung.

Aus Wien kamen mit dem Auto Tante Josefine und Onkel Alois Mauric, Marthas Verwandte.

Minkenmühle noch im Urzustand, Foto: Alois Mauric

Sie benützten diesen Ausflug, um auch gleich die gesamte Bodenseegegend zu erkunden. Onkel Loisi war im Krieg als Soldat in Radolfzell in der Kaserne stationiert gewesen. Da fuhren wir natürlich hin und fanden auch das Gebäude noch, wenn auch nicht mehr in Verwendung. Ein Erinnerungsfoto mit Loisi vor dem Kasernentor war dann der Höhepunkt.

Auf dem Weg von Vancouver über Frankfurt Flughafen nach München kam meine Schwester Martha Lenger mit ihren Töchtern Birgit und Claudia nach Besichtigung von Heidelberg und Donaueschingen zu Besuch. Wir fuhren dann mit meinem Auto über die Pfahlbauten in Unteruhldingen und Schloß Neuschwanstein weiter nach München.

61

Renates Schulfreundin Anne
Schott kam auf ein paar Tage zu
Besuch zu Renate in die
Minkenmühle und die Mädchen
hatten hier viel Spaß miteinander.

Das größte Unkraut in der Minkenmühle
Anne Schott und Renate

Martha kannte die Familie Weigl, die in München im Lehel wohnten,
wir waren öfter dort zu Besuch. Herr Weigl war von Beruf Rechtsanwalt. So kam es dann zu einem Gegenbesuch, stilvoll in der
Minkenmühle, Frau Weigl mit der Kindern.

Eines davon passte aber nicht auf, der Hund von Gobs war ja recht
wild, und so biss er sie in die Hand, das war schlimm!

Frau Weigl mit drei Mädchen, Renate, Martha (v.links)

Mein Schulkollege Helmut Kindl von der TH Wien, und Amateur-
funker, beschäftigt bei Siemens und Infineon in München, konnte
den Besuch bei mir, damals noch in der EMA, sogar dienstlich
abrechnen. Seine Erika ist natürlich mit gekommen. Er hatte uns ja
schon viele Tipps gegeben und besichtigte das Anwesen ganz
fachmännisch.

Unsere Nachbarn in München im Olympiadorf, Familie Horst Bühler,
kamen zu Besuch mit den Kindern Arne, Toni und Philipp. Herr
Bühler, von Beruf Architekt, zeichnete mir sogar einen Entwurf für
den Umbau des Haupthauses in ein komfortables Wohngebäude!

Eines Tages kam ein Auto aus der Umgebung (Kennzeichen: KN..)
an, das war lange, nachdem ich die EMA verlassen hatte. Im Auto
war Herr Bach von der EMA-Entwicklungsabteilung, seinerzeit mein
Mitarbeiter, und weitere Kollegen. Er fragte mich nach dem Fort-
schritt der Bauarbeiten in der Minkenmühle, da wäre nicht viel zu
sehen, aber da musste ich ihm von meinem Leidensweg durch die
Behörden-Instanzen (siehe weiter unten) erzählen, und was ich da
alles mitgemacht hatte.

Ob ihn sein Fabriksherr geschickt hatte, nachzusehen, habe ich ihn
aber nicht gefragt.

Wofür ich das Anwesen noch brauchen konnte

Beruflich hatte ich mit HF-Technik zu tun, insbesondere mit "Elektro-
magnetischer Verträglichkeit" und da kamen Aufträge zur Entstör-
ung von CB-Funkgeräten, Fernsteuersendern, drahtlosen Gitarren-
Mikrofonen etc.

Die Messvorschrift besagte, da sei ein Platz im Freien zu benützen,
Größe 5 x 12 m, am Boden sei ein Drahtnetz auszulegen und dann
sei das Messobjekt in 10m Entfernung mit einer entsprechenden
Dipol-Antenne etc. zu messen.

Messplatz: Winkeldipol für 500..1000 MHz

Messplatz: Breitbandantenne 25…300 MHz

Dafür war nun das gerade erworbene Grundstück gut geeignet. Ich verlegte das Drahtnetz Maschenweite 1 x 1 cm am Boden, bei den Mirabellenbäumen im „Unland", es war nach einer Saison bereits gut mit dem Rasen verwachsen.

Die Tests erwiesen dieses Messfeld als gut geeignet aus.

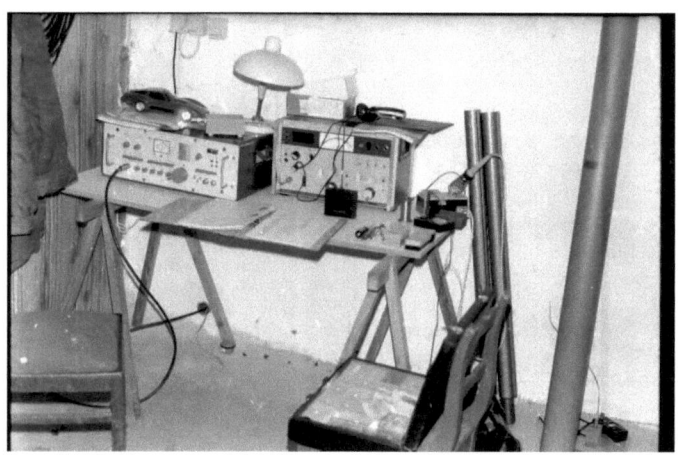

Der Hühnerstall beherbergte dann den Messempfänger, einen Typ RFT SV 8,5, von dem aus das Kabel zur Messantenne am Messfeld führte.

Ein weiteres Kabel und Prüfantenne diente zur Eichung. Die Ergebnisse waren mit den auf amtlichen FTZ-Messfeldern erreichten in guter Übereinstimmung, so konnte aufgrund dieses "Freiluftlabors" für meine Kunden verlässliche Resultate erzielt und die Zulassung erreicht werden.

Einmal kam sogar ein Kunde aus Sigmaringen, der wollte bei den Messungen unbedingt dabei sein.

Das zu messende Gerät wurde dazu auf eine Nachbildung, genannt „Künstlicher Mensch" (!) gestellt, das war ein Plastikrohr, gefüllt mit einer Salzlösung.

Nach der Messung konnten Messgeräte, Antennen etc. alles gut im Hühnerstall geborgen werden, in dem auch eine kleine Werkstatt mit einer soliden Ständerbohrmaschine Platz fand.

Dann war noch für ein solides Schloss an der Türe und Vorhänge vor den großen Fenstern zu sorgen.

Plan zum Umbau des Bauernhofes

Das eigentliche Wohngebäude umzubauen, wäre ein recht großes
Projekt gewesen, da war noch viel an der Bausubstanz zu verbes-
sern. Das wollte ich erst später angehen.

Viel rascher schien uns, durch Umbau des Schweinestalls Wohn-
raum zu gewinnen, etwa 80qm Wohnfläche wären da möglich.

Gesagt, getan: der Ortsvorstand empfahl mir einen Architekten,
Herrn S., dem erzählte ich von meinem Vorhaben und der legte
gleich los. Wir sprachen noch über die Baubeschränkungen im
Außenbereich, aber er meinte, das bekomme er genehmigt.

So legte er denn los: Am 30.10.1979 stellte er einen "Bauantrag" an
das Bürgermeisteramt in Eigeltingen: "Umbau des best.Schweinest.
in ein Ferienhaus", Baukosten DM 20.000,-. Dem Ortsvorstand gefiel
das und der Bauantrag wurde von der Gemeinde Eigeltingen auch
genehmigt, aber dann begann der Marsch durch die Instanzen.

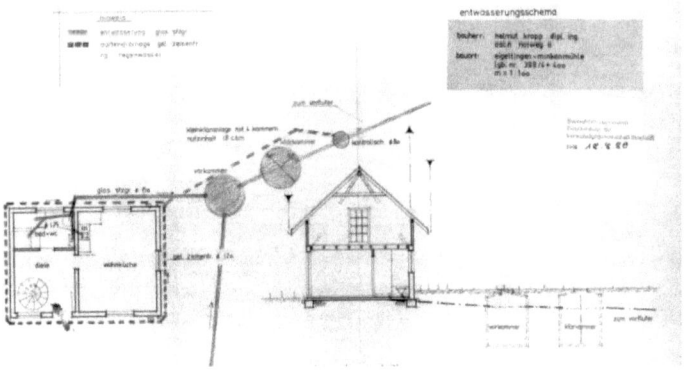

Noch unproblematisch war die Zustimmung zu diesem Bauvorhaben
für die Anrainer, die waren alle einverstanden. Prominentester Anrainer war dabei gewiss der Graf Douglas von Schloss Langenstein.

S. beauftragte auch gleich den Zimmerer, die Balkenlage in dem
Schweinestall auszuwechseln und ein Bauunternehmen, den Beton-
estrich im Schweinestall mit dem Preßlufthammer herauszubrechen.

Kostenpunkt Fa.Braun Tiefbau DM 3573,- und Zimmerer Martin DM 2575,-, ferner Bauholz von Fa.Holzwarth um DM 1195,-.

Das Landwirtschaftsamt Stockach hatte mit Schreiben vom 30.1.1980 "keine Bedenken".

Schon am 23.1.1980 erfolgte die Ablehnung des Bauantrages aus wasserwirtschaftlichen Gründen vom Wasserwirtschaftsamt Konstanz.

Das Staatl.Gesundheitsamt Stockach bemerkte mit Schreiben vom 12.2.1980 bloß, wegen der Trinkwasserversorgung und der geplanten Hauskläranlage sollte das Wasserwirtschaftsamt Konstanz gehört werden: "Ansonsten ergeben sich amtsäztlicher-seits keine Bedenken gegen die Genehmigung obigen Umbau-vorhabens."

Am 24.3.1980 fertigte das Baurechtsamt Stockach einen Aktenver-merk zu dem Bauantrag an. Dieser Vermerk war sehr umfangreich, aber noch recht wohlwollend: Der Verfasser war der Ansicht, dass "keine wesentliche Änderung der Bausubstanz" vorliege, das äußere Erscheinungsbild bleibe abgesehen von den Veränderungen an den Fenstern und der Eingangstüre und des Anbaues eines kleinen Balkons im wesentlichen unverändert..."

Gutachten zu Par.35 BbauG

Dazu hatte das Baurechtsamt dem Bauantrag eine sachverständige Ausarbeitung zum Par.35 Bundesbaugesetz beigelegt:

1.Für das Vorhaben ist gemäß §§ 87I.2X,89 II LBO eine Bauge-nehmigung erforderlich. Bei der Umwandlung eines ehemaligen Schweinestalles in ein Ferienhaus handelt es sich um eine we-sentliche Nutzungsänderung.

2.Die planungsrechtliche Zulässigkeit des Vorhabens ist nach § 35 BBauG. zu beurteilen, da es im Außenbereich errichtet werden soll.

Eine Privilegierung nach § 35 I BBauG liegt nicht vor.

Das Vorhaben könnte aber nach § 35 IV BBauG zulässig sein. Dann müssten folgende Voraussetzungen erfüllt sein:

a) Die bauliche Anlage müsste bisher einem nach § 35 I Nr.1-3 privilegierten Nutzungszweck gedient haben. Dies ist hier der Fall: der Schweinestall ist nach § 35 I Nr.1 BBauG privilegiert.

b) Weiterhin müsste eine Nutzungsänderung beabsichtigt sein, die auch nach SR 9 BBauG relevant ist. Im vorliegenden Fall liegt eine nach der LBO genehmigungspflichtige Nutzungsänderung vor (s.d.) Es werden auch bauplanungsrechtliche Belange berührt, da eine Entprivilegierung beabsichtigt ist und ein Ferienhaus in der freien Landschaft ein Fremdkörper darstellt.

c) Fraglich ist allerdings, ob diese Nutzungsänderung auch ohne wesentliche Änderung der baulichen Anlage erfolgt. Dieses Tatbestands-Merkmal wird in Rechtssprechng und Literatur nicht einheitlich beurteilt.

Bei der Prüfung, ob eine "wesentliche Änderung der baulichen Anlage" vorliegt, ist zunächst vom Sinn und Zweck des § 35 V BBauG auszugehen.

Zweck der Vorschrift ist es, zu ermöglichen, dass gem. § 35 I BBauG privilegierte bauliche Anlagen auch anderen Funktionen zugeführt werden können. Dadurch soll dem Strukturwandel in der Landwirtschaft Rechnung getragen werden. Insbesonders soll verhindert werden, dass landwirtschaftlich genutzte Gebäude nach Aufgabe der Landwirtschaft verfallen. Unter dem Gesichtspunkt des Bestandschutzes war bisher eine Nutzungänderung unzulässig (vgl. Brügelmann Groenvogel, Kommentar z. BBauG § 35 Anm.7a).

Es entspricht deshalb nicht dem Ziel des § 35 IV BBuG, wenn das Vorliegen einer wesentlichen Änderung einer baulichen Anlage von Art und Umfang der Nutzungsänderung abhängig gemacht wird.

So hat das OVG Lüneburg (BRS 32 Nr.139) entschieden, dass die Änderung einer Feldscheune in ein Wochenendhaus mit einer wesentlichen Änderung der baulichen Anlage einher geht. Dieses Urteil wird aber zu Recht überwiegend abgelehnt. Es ist mit dem Wortlaut des § 35 IV BBauG nicht vereinbar und widerspricht auch dem Sinn dieser Vorschrift, weil damit die Entprivilegierung schon im Ansatz weitgehend verhindert würde. Ob die Nutzungsänderung wesentlich ist oder nicht, ist nach dem Zweck der Vorschrift nicht relevant. Hinsichtlich der Nutzungsänderung geht aber der Gesetzgeber nach dem Sinn der Vorschrift gerade davon aus, dass hier eine wesentliche Änderung zulässig sein soll. Denn gerade um dem Strukturwandel in der Landwirtschaft Rechnung zu tragen, sollen hier auch solche Änderungen möglich sein, die eine Nutzung beinhalten, die von einer landwirtschaftlichen abweichen (vgl.Baugelmann aaO § 35 Anm.7e bb. (3); Ernst-Zinkahn-Bielenberg § 35 Anm.65c). Bei der Beurteilung, ob eine wesentliche Änderung der baulichen Anlage vorliegt, kann deshalb nur auf die beabsichtigten Änderungen der Bausubstanz abgestellt werden. Fraglich ist allerdings, welchen Umfang die Baumaßnahmen erreichen dürfen, um noch als "nicht wesentlich" gelten zu können. So nehmen die Einführungserlasse der Länder (Ba -Wü:GABL 77,72) eine wesentliche Änderung schon dann an, wenn Innenwände eingezogen oder versetzt werden oder sanitäre Einrichtungen etc. in bisherige Scheunen, Ställe und Schuppen eingebaut werden.

Diese Auslegung erscheint aber zu eng. Danach wäre alles, was über den Bestandsschutz hinausgeht, unzulässig. § 35 IV BBauG beinhaltet aber gerade Änderungen in der baulichen Anlage, die von dem Gesichtspunkt des Bestandsschutzes nicht mehr getragen wären. Der Zweck des Gesetzes, die infolge des Strukturwandels in der Landwirtschaft dort nicht mehr benötigte Gebäude einer anderen Nutzung zuführen zu können, kann nicht dadurch umgangen werden, dass die mit solchen Nutzungsänderungen notwendigerweise verbundenen Änderungen immer als wesentlich angesehen werden.

Die Grenze ist daher dort zu ziehen, wo eine tiefgreifende Umgestaltung und Erneuerung tragender Bauteile vorgesehen ist, während bei baulichen Änderungen im Inneren eine groß zügige Auslegung denkbar ist. So hat das OVG Rheinland-Pfalz (BRS 32 Nr.81) darauf abgestellt, ob die "Identität des wiederhergestellten mit dem ursprünglichen Bauwerk" noch vorhanden sei. Als Kennzeichen dieser Identität ist zunächst auf die Übereinstimmung im Standort und im Bauvolumen abzustellen. Weiterhin kommt es auf ein "adäquates Verhältnis" zwischen dem ursprünglichen Gebäude und den Instandsetzungsmaßnahmen an. Die Identität ist auch dann nicht mehr gegeben, wenn der für die Instandsetzung notwendige Arbeits-

aufwand seiner Quantität nach denjenigen für einen Neubau er
reicht oder sogar übersteigt.

Dieses Gutachten war ja recht positiv für mich, trotz der rechtlich
doch komplexen Materie. In dem Aktenvermerk stand dann noch:
"Mit dem Wassserwirtschaftsamt Konstanz soll in der Angelegenheit
jedoch nochmals eine Besprechung stattfinden."

Am 14.4.1980 vermerkte das Baurechtsamt Stockach: Das Wasserwirtschaftsamt hat Bedenken gegen das Vorhaben. Herr S., der
Ortsvorstand, wird mit dem Wasserwirtschaftsamt und der Baube-
hörde einen Lokaltermin vereinbaren.

Am 26.6.1980 fand dann eine Besprechung des Baurechtsamts mit
dem Regierungspräsidium statt. Nach Darlegungen bezüglich
Par.35 Abs.4 ist das Vorhaben nicht zulässig. Die Rechtssprechung
lege strenge Maßstäbe an, siehe Ernst-Zinkahn-Bielenberg.

Am 15.8.1980 fand unter zahlreicher Beteiligung von Amtspersonen
(die sich aber keineswegs vorstellten) die Ortsbesichtigung in der
Minkenmühle 1 durch das Baurechtsamt Stockach statt. Sie liefen
überall herum auf dem Grundstück, sahen auch in den Schweinestall und in das Wohnhaus hinein und sagten dann: "Was wollen Sie
denn umbauen, Sie haben ja ein Haus, das ist zumutbar..."

Der Ortsvorstand und der Architekt waren anwesend, nach dem
Ende des Ortstermins sagte der Architekt: "Jetzt wird es genehmigt!"

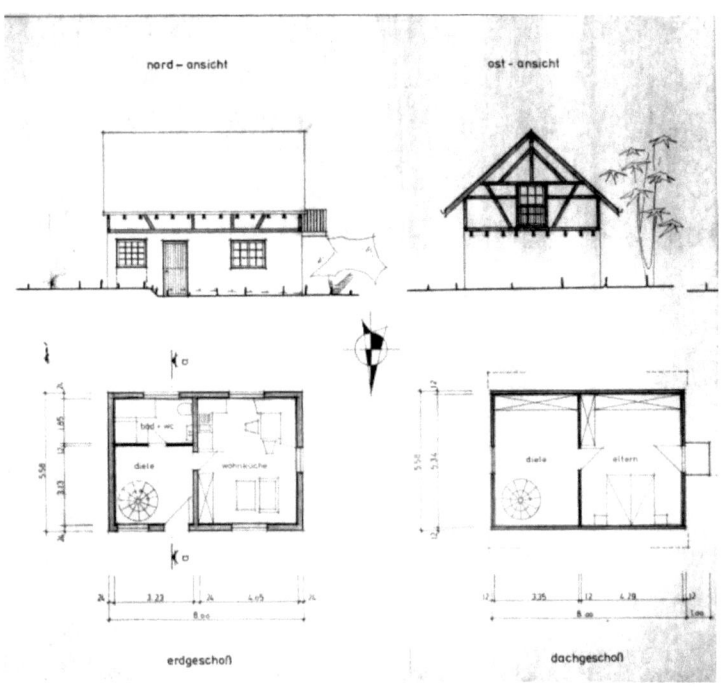

nord – ansicht

ost – ansicht

erdgeschoß

dachgeschoß

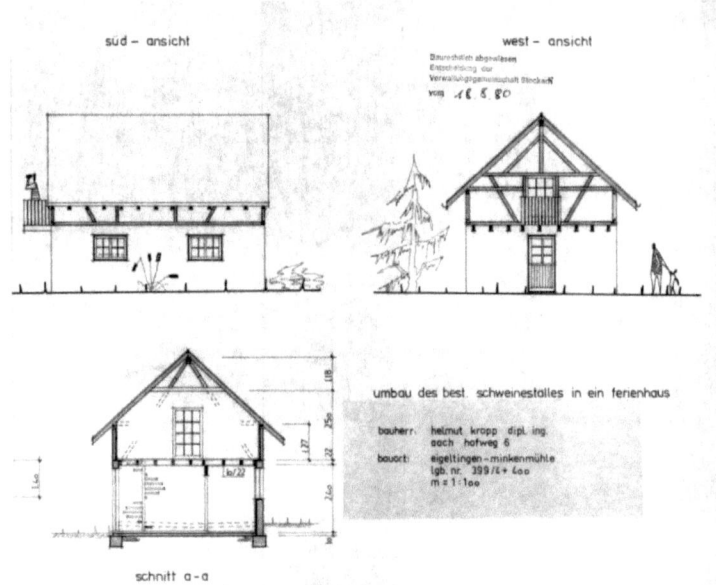

süd – ansicht   west – ansicht

umbau des best. schweinestalles in ein ferienhaus

bauherr: helmut kropp dipl. ing.
aach hofweg 6
bauort: eigeltingen-minkenmühle
lgb. nr. 399/6 + 400
m = 1 : 100

schnitt a - a

Der Aktenvermerk in der Bauakte lautete jedoch ganz anders:
Verstoß gegen öffentliche Belange. Nach dem Ortstermin am
15.8.80 wurde die Akte zurückgegeben. Die Stadt wird das
Vorhaben ablehnen.

Das erfolgte dann am 18.8.1980. Begründung: "Eine Zulassung
nach Par. 35 Abs.4 BBauG komme nicht in Betracht, da eine
wesentliche bauliche Änderung des Schweinestalls vorgesehen sei.
Das nicht privilegierte Vorhaben würde die natürliche Eigenart der
Landschaft beeinträchtigen. Denn ein Ferienhaus, das dem privaten
Erholungs- und Freizeitinteresse des Eigentümers diene, stehe der
naturgegebenen land- und forstwirtschaftlichen Bodennutzung sowie
der Funktion des Außenbereichs, der Erholung der Allgemeinheit zu
dienen, entgegen."

Also waren die Wörter „Schweinestall" zusammen mit „Ferienhaus"
(Ferien auf dem Bauernhof) richtige Reizwörter für die Behörden.

Daraufhin habe ich Widerspruch gegen diesen Entscheid der Stadt
Stockach eingelegt.

Als dann am 18.02.1981 die Widerspruchsentscheidung erging, war die Begründung der Ablehnung: Verstoß gegen öffentliche Belange.

Zeitweise dachte ich daran, doch Landwirt zu werden, z.B. durch einige Bienenhäuser in der Minkenmühle, dann wäre der Umbau ein „privilegiertes Vorhaben".

Aber da fuhr der Ortsvorstand gleich dazwischen: „Dazu brauchen Sie eine berufliche Ausbildung als Imker, haben Sie die?"

Jetzt blieb noch eine Klage beim Verwaltungsgericht Freiburg, diese wurde am 19.03.1981 von mir eingereicht.

Das Verwaltungsgericht Freiburg tagte am 29.09.1981 in Stockach und das Ergebnis war wieder eine Ablehnung des Bauvorhabens.

Ich wurde auch nie den Verdacht los, dass hier lokale Prominenz die Finger im Spiel hatte.

Ich jedenfalls hatte nun genug von der Verwaltungs-Gerichtsbarkeit und beschloss, das Bauvorhaben aufzugeben.

Und der Architekt?

Als ich mein Missgeschick meinen Bekannten unter den Architekten erzählte, waren die doch etwas verwundert und sagten, das hätte dem ausführenden Architekten nicht passieren dürfen.

Sie empfahlen mir alle, das gezahlte Architektenhonorar zurück zu verlangen bzw. zu klagen, wenn der Architekt nicht dazu bereit sei. Er sei ja im übrigen gegen derartige Fälle haftpflichtversichert.

Nun, so schrieb ich meinem Herrn S. in diesem Sinne halt einen Brief, aber der lehnte jede Verantwortung ab. Also startete ich das nächste Gerichtsverfahren in Radolfzell, die Klage gegen S. auf Rückerstattung des Architektenhonorars, mit Hilfe des Anwalts aus Konstanz.

Was kam dabei heraus: nachdem ich die Klage um die Kosten der von S. beauftragten, nun unverwendbaren Arbeiten erhöht hatte, habe ich den Prozess gewonnen. S. war fürchterlich wütend. Ich hatte auch einen Nachteil: da ich meinen Rechtsanwalt bei dieser Art von Rechtsstreit selber bezahlen musste, und nicht etwa der Unterlegene, blieben mir nur die etwa 1000 DM Honorarerstattung, der Restbetrag ging an den Anwalt. S. wollte überhaupt nicht zahlen, dem musste mein Rechtsanwalt sogar noch den Gerichtsvollzieher schicken.

Ende des Bauernhof-Abenteuers (1990)

Ende der 80er Jahre reifte dann der Entschluss, das Anwesen Minkenmühle 1 zu verkaufen. Die lange Anreise München-Minkenmühle, die abweisende Haltung der Behörden gegenüber meinen Verbesserungsplänen und der Wunsch, nach den wöchentlichen Ausflügen in die "Wildnis" wieder in ein zivilisierteres Wochenendhaus zu wechseln, waren die Gründe dafür.

Schon in 1985, quasi zur „Halbzeit", hatte ich von einem vereidigten Bausachverständigen eine Begutachtung und Bewertung des Anwesens zwecks neuer Kreditaufnahme vornehmen lassen. Er kam auf DM 265.00,- DM.

Das Anwesen beurteilte er zusammenfassend wie folgt:

„Das untersuchte Objekt ist ein ehemaliges landwirtschaftliches Anwesen.

Es liegt abseits aller Verkehrsstraßen, in einer ursprünglichen, unberührten Landschaft.

Die zum Anwesen gehörenden Grundstücke sind um das Gebäude herum gelagert und sind in ihrer Größe beachtlich.

Die Grundsubstanz der Gebäude ist gut. Ein Ausbau zu einem zeitgemäßen Wohnsitz mit Landhaus-Charakter ist möglich.

Die Zufahrtsmöglichkeiten sind gut.

Insgesamt ein Objekt für Menschen, die Ruhe, Natur und Einsamkeit lieben."

Das war natürlich eine gute Vorlage für mich, so einen Text konnte ich jedem Interessenten zeigen.

Im "Südkurier" und in der "Stuttgarter Zeitung" habe ich daher im Jahre 1990 ein Inserat wie folgt plaziert:

"Rarität: Mitten im Grünen, viel Natur und sehr ruhige Lage, Bauernhaus, Wfl.94 qm (st. Zweifamilienhaus) Nutzflächen 330 qm, Scheune, 2 Nebengebäude und Grund 5600 qm, mit Bachdurchlauf, Außenbereich Bodenseegebiet Nähe Stockach, von Privat zu Privat, nur DM 385 000,- Zuschriften KO 49 223 Südkurier Konstanz."

Ich beriet mich noch mit örtlichen Experten wegen des Preises, aber die hatten von mehreren ähnlichen Vorgängen schon Kenntnis und meinten, der Preis entspreche der Marktlage von 1990.

Das Inserat war ein voller Erfolg, es gab zahlreiche Anfragen der verschiedensten Art, brieflich, per Telefon, auch persönlich. So habe ich dann einen ersten "Besichtigungstag" an einem Wochenende festgelegt und bin zur Minkenmühle gefahren.

Zur optischen Verbesserung der Ansicht habe dann noch mit dem Balkenmäher einen möglichst großen Teil der Wiesen um das Haus herum gemäht, das Heu zusammengerechnet und gestapelt. Dann habe ich die Interessenten im Stundenabstand eingeladen.

Sofort waren die Interessenten aus der Umgebung da, für mich sehr aufschlussreich und fallweise erheiternd. Da kamen Autos mit vier Jugendlichen an („Mädle" und „Kerle"), die strömten dann in das Haus, nach dessen Besichtigung sie sich gleich draußen im Freien auf meiner selbst gebastelten Tisch-Bank-Garnitur niederließen.

Nach einer Weile Wartezeit fragten sie dann ganz einfach, ob der Preis nicht schon niedriger geworden sei!

Dann kam ein Auto mit Mann und Frau, letztere bemängelte sofort, dass der Boden staubig und die Wände fleckig seien und deshalb der Preis ermäßigt werden müsste.

Viele Besucher beschränkten sich auf die Besichtigung, Diskussion und Kritik der Wohnräume: da waren sie ja Experten; Anzahl und Größe der Grundstücke, Art und Zustand des landwirtschaftlichen Teils, des Dachboden und Dachs oder die Versorgungsleitungen oder wie der Keller sei, war ihnen egal. So ging das zwei Wochenenden über. Da ich den Preis nicht, auch nicht aufgrund derartiger Reklamationen, herabsetzen wollte, wurde also vorerst nicht verkauft.

Natürlich kamen dann auch mehrere Briefe von lokalen Maklern, die da mitverdienen wollten und mir das Blaue vom Himmel, sprich die Vorteile Ihrer Dienstleistung und ihre enorme Zahl solventer Kunden darstellten. Ich beschloss, auf Makler vorerst zu verzichten.

Dann aber wurde es ernst. Es kam Herr B., der erzählte mir, er wohne in Radolfzell und habe Pferde. Wenn er diese durch eine Ortschaft führe oder reite, werde er von den Bewohnern wegen des Äpfelns der Pferde auf der Straße angefeindet, er wolle davon loskommen.

Er kletterte sofort in der Scheune auf die Stalldecke und besichtigte genau den Dachstuhl, ob er dicht sei. Dann inspizierte er den Schweinestall, da sollten die 2 Pferde hinein. Auch Keller, WCs und Wasserversorgung interessierten ihn.

Alle übrigen Orte des Anwesens wurden genau inspiziert, er wollte auch gleich den von mir entworfenen Vorvertrag haben. In dem hatte ich das kleine, abseits gelegene Wiesengrundstück Flur Nr.240 zu 1680 m2, das noch an Rimmele verpachtet war, ausgespart, das wollte ich mir als "Andenken" behalten. Er verhandelte auch wegen des Preises mit mir und ich versprach ihm, bei Abschluss 5000 DM nachzulassen.

Dann hatte er den Vertrag studiert und war gleich auf das Grundbuchamt gegangen; dort erhielt er ohne Schwierigkeiten die Auszüge aller Abteilungen des Grundbuchs des Anwesens, was mich etwas wunderte. Natürlich stellte er dabei fest, dass da noch eine Wiese sei und die wollte er unbedingt, um genug Grünfutter bzw. Heu für seine Pferde zu haben. Nun ja, so einigten wir uns auf eine Änderung des Vertrages und 5000 DM Preis für die Wiese Nr.240 und alles war wieder wie zuvor und OK.

Notarvertrag, Grundschuldenbestellung etc. lief alles reibungslos und glatt ab. Ich schlug ihm vor, das Anwesen nicht leer ("besenrein" traute ich mir schon gar nicht hineinzuschreiben) zu übernehmen, wie sonst allgemein üblich.

Ich wollte die Möbel und diverse Einrichtungsgegenstände gesondert in einer Liste erfassen und bewerten. Für dieses Inventar im Wert von DM 7500,- als Kaufpreisbestanteil musse er dann keine Grunderwerbsteuer zahlen. Damit war er und auch der Notar einverstanden und ich sparte mir die Räumung, Abtransport und Entsorgungskosten:

Inventarliste:

1 Rasenmäher Viking Wert ca. DM 2000,-
1 Rasenmäher Golf Wert DM 150,- reparaturbedürftig
1 Kühlschrank Privileg *** Wert DM 350,-
1 Kühlschrank Privileg ** Wert DM 50,-
1 Geschirrspüler Privileg S 312 Wert DM 100,-noch nicht
angeschlossen
2 Elektroherde zus. DM 200,-
1 Badewanne emailliert Wert DM 100,-, noch nicht angeschlossen
1 Waschmaschine Elite Electronic Wert DM 150,-, noch nicht
angeschlossen
1 Betonmischer Suhsemihl Wert DM 300,-
1 Schiebkarren Wert DM 50,-
12 diverse Gartenwerkzeuge Wert DM 250,-
5 Mostfässer div.Größen Wert DM 500,-
4 Ölfässer Wert 200,-
1 Stapel Spanplatten Baumaterial Wert DM 1000,-
1 Aluleiter 8m Ausziehlänge Wert DM 300,-
1 Stehleiter Holz Wert DM 50,-
1 Motor Eisele 3 PS Wert DM 200,
1 Brennholzsäge Wert DM 150,-
2 Ölöfen Wert DM 60,-
1 Dauerbrandofen Wert DM 50,-
1 Stuhl Wert DM 50,-
1 Hauswasserkessel im Keller, außer Betrieb, Wert DM 300,-
1 Unterschrank für Küche Wert DM 100,-
1 Arbeitsplatte dazu Wert DM 200,-
1 weitere Unterschrank mit Arbeitsplatte Wert DM 200,-
1 Schrotmühle rep.bed. Wert DM 50,-
1 Mostbottich Wert DM 110,-
3 Keller-Lichtschächte, Plastik, mit Gitter Wert DM 300,-
3 Fenster neu zum Einbau Wert DM 150,-
1 Zinkbadewanne Wert DM 80,-

Bei der Schlüsselübergabe (nach Eingang des Kaufpreises auf
meinem Konto) überließ ich ihm dann auch noch spontan und
zusätzlich die schwere Ständerbohrmaschine im als Werkstatt
genutzten Hühnerstall, dafür war er besonders dankbar. Ich war
froh, denn ich hatte in meinem Mercedes-Auto keinen Platz mehr.

Ja und so endete das Abenteuer Bauernhof nach über zehn Jahren zur Zufriedenheit aller Beteiligten, und ich investierte den Ertrag aus dem Verkauf in die noch ausstehende Darlehenstilgung, den Rest allerdings nicht wieder in ein landwirtschaftliches Anwesen, sondern in ein Einfamilienhaus näher an München heran, und auch die Familie bekam vom Verkaufserlös was ab.

Abschluss

Ja und was hat der neue Pferdeliebhaber mit der Minkenmühle gemacht? Als ich mal wieder zufällig in der Nähe war, machte ich das nachstehende Foto.

Ich glaube, Herr B. und Familie sind dort gut gelandet.

Es wäre nur noch zu ergänzen, dass B. das Anwesen in der Zwischenzeit (Stand 2015) schon wieder verkauft hat, es hat jetzt einen neuen Besitzer. Wie der Nachbar mitteilte, hat der den Schweinestall (im Foto vorne rechts) abreißen lassen.....

****

Weitere Bücher von Helmut Kropp

Im Buchhandel erhältlich:

Immer am Gleis- Bahnfahren in Europa und Amerika
Format 14,8 x 21 cm   148 S. ws 90g Paperback
36 Farbseiten Ladenpreis 13,99 EUR ISBN 978-3-7347-43665

Beiträge zur Telekommunikation
Format 14,8 x 21 cm 132 S, ws 90g Paperback
Ladenpreis 19,90 EUR ISBN   978-3-7347-78884-1

Kreuzfahrer
Format 14,8 x 21 cm 108 S. ws 90g Paperback
59 Farbseiten   Ladenpreis 12,99 EUR ISBN 978-3-7386-4190

Orgelreisen
Format 14,8 x 21 cm 152 S. 90g Paperback
107 Farbseiten Ladenpreis EUR 19,00 ISBN 978-3-3920-1139

Erhältlich beim Autor: Postfach 401063 80710 München

Im Olympischen Dorf München und seiner Umgebung
Format 14,8 x 21 cm 64 S. ws90g Paperback
EUR 5,00

Im Kollegium Kalksburg 1948-55
Format 14,8 x 21 cm 136 S. ws 90g Paperback
EUR 10,00

Gesammelte Werke 1950-1955
Format 14,8 x 21 cm 24 S. ws 90g Paperback
EUR 5,00

60 Jahre Beruf (1955-2015)
Format 14,8 x 21 cm 168 S. ws 90g Paperback
11 Farbseiten EUR 15,00

Der Funkamateur OE3UK 1955-1980
Format 14,8 x 21 cm 168 S. ws 90g Paperback
47 Farbseiten   EUR 18,00

Weitere Infos: http://hjkropp.jimdo.com